叱りゼロで「自分からやる子」に育てる本

奥田健次

大和書房

うちの子ってどうしてこうなのかしら、と思っているお母さんへ

子育ての日常はこんなことの連続でしょう。
いくら言葉で注意しても効果がない。
イライラがつのる。
つい叱ってしまう。
さらにイライラする。
そのうち子育ての自信をなくしてしまいます。

でも、

「お母さん、悩むポイントが違いますよ！」

私は「他人の子育て」の専門家です。
行動分析家、心理臨床家として、
大学の相談室やクリニックだけでなく、
学校や一般家庭などさまざまな場所へ出向き、
子育て相談をおこなっています。
日々、いろんなお母さんにお会いします。
今、この本を手に取ってくれたお母さんにも、
切実な子育ての悩みがあるのだと思います。

子どものよくない行動や気になるクセを直したい。

もっといい習慣を身につけさせたい。

いろんなことを自分でできる子、自分からやる子に育ってほしい。


でも子育てはそんなに簡単じゃありません。

だからたいていのお母さんが悩みます。

「どうしてうちの子って、こうなのかしら?」

多くのお母さんが、子どものよくない行動や気になるクセの原因が、
もともとの性格にあると思いがちです。

挙句の果てには、

「だらしないのは父親似だから仕方ないのかも」

このようなことを真顔でおっしゃる方もおられます。

でも、「よくない性格を小さいうちに直してあげなきゃ」と
見当違いの方向で努力して遠回りをしたり、
ついつい叱りつけたりしてしまい、
後で自己嫌悪に陥るようなストレスを抱えながら過ごす必要はありません。
今、お母さんが直面している問題を解決へ導く方法は必ずあるのです。

それを実践すると、不思議や不思議、
「やっちゃダメよ」と言うことはやらなくなり、
「こうしてほしいな」と思うことをやるようになります。

こういう言い回しをすると、「うさんくさいな」「ウソっぽい」などと
思われるでしょう。
そのような子育て本は、書店にたくさん並んでいます。
そして、それらを信じて実行しても、なかなかうまくいかない。
だから、「うまくいくよ」という本を信じられなくなるのです。

この本では、「うまくいくよ」とは言いません。

確かに、うまくいくという信念を持って親子に関わっているのですが、
人間の子育てには、さまざまなアクシデントがつきものです。

そこで、この本では
「こうやるとまずいよ」「こうやったほうがいいよ」という
方向づけをたくさん提案したいと思います。
たくさんの質問と回答から、
子育ての方向づけを見出していただければと思います。

たとえば、「しょっちゅう幼稚園を休みたがる」子がいるとします。
この子を幼稚園に毎日行かせるようにするには、どうすればいいと思いますか？
この問題を解決するために、
子どもが喜んで幼稚園に行く理由は何か、考えてみてください。

お友達に会える、みんなと遊べる、
お弁当が楽しみ、好きな先生がいる。
子どもによっていろんな理由があると思います。

いい理由ばかりなら、子どもは喜んで幼稚園へ行きます。
それを「幼稚園に行く」と「家で過ごす」の
天秤で示すと、こうなります。
「幼稚園に行きたい！」のほうへグンと傾いて、
ビクともしません。

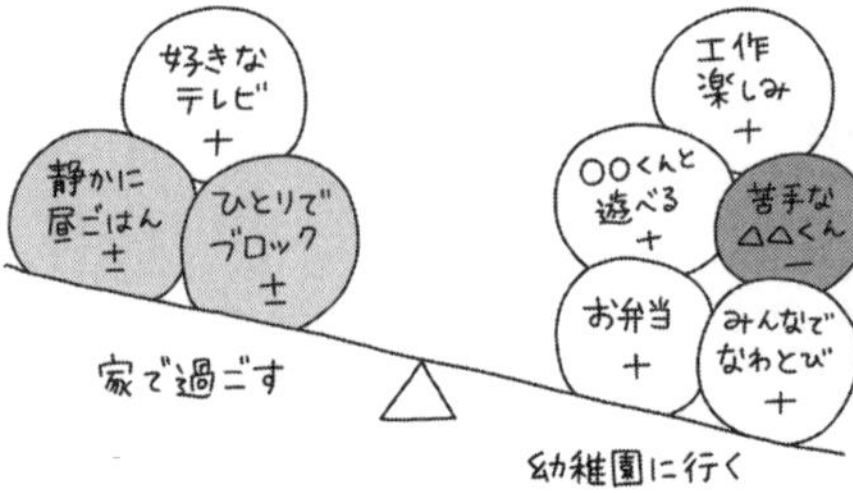

元気に幼稚園に行ける子の天秤の例

逆に、今まで普通にやっていた行動でも、
たまたま「何か嫌なこと」に出くわしてしまったり、
「面倒なだけで楽しくない」と
感じる機会が増えたりしてしまうと、
人はその行動をしなくなる
という傾向があります。

この状態でいくら「やりなさい！」
「言うことを聞きなさい！」
「なぜ今までと同じようにできないの！」と、
お母さんが青筋を立てて怒っても、
子どもはさらにかたくなに拒み続けるだけです。

幼稚園を休みたがる子の天秤の例

子育て中にお母さんが感じる
「子どもにこういう習慣をつけさせたい」
「あの行動はやってほしくない」
といったことがあるなら、
この天秤に照らし合わせて考えてみましょう。
やってほしい行動の直後に
「子どもにとっていいこと」を伴わせ、
やってほしくない行動の直後に
「子どもにとって嫌なこと」「面倒なこと」を
伴わせていけばいいのです。

ありがとう！
手伝ってくれると
助かるわ
上手にできたね

天秤をいい方向へ傾かせる「子どもにとっていいこと」とは、
たとえばお母さんの注目や褒め言葉などです。
子どもの行動をどう観察してどこを褒めるか……
といった日頃の接し方が、
子どもが育つ方向の道標になるのです。

「うちの子、どうして何をやっても続かないのかしら」
「わがままに育ててしまった私が悪い」などと
子どもや自分を責める前に、
自分が今までどんなふうに子どもに接していたか見直してください。
「この子は何事にもやる気がない子なんだ」などと
わが子にレッテルを貼る前に、
もっと子どものことをよく見てください。

問題が起こっている原因を子どもの心に求めるのではなく、子どもの行動に焦点を当てて考えるのです。

「子どもの行動に焦点を当てる」とは、その行動に影響を与えている大人の関わり方に焦点を当てるということです。

ただ、くり返しますが、子育てはそううまくはいきませんね。

でもそのうまくいかないことこそが、子育てのチャンスなのです。

片づけられないのも、歯磨きの習慣がつかないのも、ゲームの時間を守らないのも、親からすると困ったことです。

でもそれらはすべて子どもが変わるチャンスなのです。
今までどれだけ言ってもできなかったことが、
パッ！　とウソのようにできるようになることがあります。
また、お母さんが粘り強く取り組んでいるうちに、気づいたらいい習慣が身についていたということもあります。

「子どもって本当に変わるんだ」

そう実感できる日がきっと来ます。

そして、お母さんが何も指示を出さなくても、
自分の頭で考え、自分から動き、
自分の力で達成できる子になって、
あっ！　と驚かせる日がきっと来ます。

その日には、実はお母さんも
驚くほどの変化をしているということに、
振り返れば気づくことになるでしょう。

ついつい前置きが長くなりました。
冒頭の「片づけられない子」は、
どうすれば「片づけられる子」になるか。
その悩みに対する答えから、
お話ししていきましょう。

叱りゼロで「自分からやる子」に育てる本　目次

1章 子どもによい習慣を身につけさせるには「叱りゼロ」で

「片づけ大好き」な子どもに育てる褒め方と褒め言葉

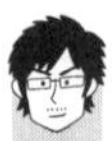

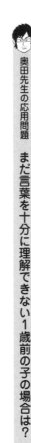

「自分から進んでやる子」に育てるには、「偶然」のタイミングが大切です

子どもが真剣にやったことなら、褒めポイントを探して百通りの言葉で褒めましょう

2章 子どもの性格ではなく行動の特徴に注目すれば、気になるクセも直せる

危険なクセ、どうしてもやめさせたいクセを直すには？

3章 子ども主導ではなく親主導が「我慢できる子」を育てます

先延ばしにしたがる子に一度で言うことを聞かせるコツ

「やっちゃダメよ」を守れる子にするためには

納得できないとすぐキレる子に育てていませんか？

ルールを守れる子にするために大切な親の態度

4章 「自分からやる子」に育てるために大切な「子育てビジョン」

「こんな子に育ってほしい」と具体的に言えますか？

子どものやる気を引き出すちょっとした仕掛け

子どものピンチに一緒に向き合うために大切なこと

1章

子どもによい習慣を身につけさせるには「叱りゼロ」で

「片づけ大好き」な子どもに育てる褒め方と褒め言葉

Q1

リビングを散らかしても片づけません

5歳の男の子です。「遊んだおもちゃや本は片づけようね」と言うと、「わかった！」と言うのですが、行動が伴いません。もう言えばわかる年齢だと思うのですが、ぜんぜんダメです。粘り強く叱っても効果がありません。リビングはいつも足の踏み場もない状態で、見ているのもストレスです。

A

粘り強く、タイミングよく褒めれば、子どもの行動は変わります。

親が賞賛し、認めることで、新しい習慣を身につけられます

片づけなど日常のささいなことを子どもに習慣づけるのは、簡単そうで難しいですね。めちゃくちゃ深刻に困っているというわけではないけれど、小さな苛立ちみたいなものがつのるという感じでしょう。

「言えばわかると思うのですが」とありますから、きっとこのお母さんは、「ほら、片づけなさい」とくり返しているのでしょう。**そのうち、「あ、また片づけてない」「いつも言ってるのに、わからない子ね」「なんでできないの?」となり、結局、「片づけなさい!」と叱りまくっているのでしょうね。**目に浮かぶようです。

ほかの子育て本や育児雑誌、教育評論家たちはこういった悩みに対して、たいてい「一緒に片づけてあげましょう」とか、「わかりやすい収納箱を用意しましょう」などとアドバイスしていると聞きます。親が手伝ったり、片づけテクを導入したりすることでその場はうまく収まるでしょう。その経験をくり返すことで、やがて自分で片づける習慣がつけばいい、または、習慣がつくだろうと期待して、そのようなことを

おっしゃっているのだと思います。

でも、それってその場しのぎ以外の何ものでもありません。それでは、「自分で使った物を片づける」という習慣は身につきません。実は、片づけの習慣がない子にその習慣をつけさせるには、コツがあるのです。

必ずできることをやらせて、まず「褒めて」ください

私は、さまざまな子どもの教育相談をおこなっています。自閉症や発達障害で日常生活上での困難がある子に、片づけを教えることもあります。多くの子は言葉の発達が遅れているのですが、それでもホイホイと片づけができるようになります。それもぜんぜん叱らずに、です。

そのときのやり方は次のようなものです。

たとえば、片づけなければならない物が10個あるとします。この場合、まずお母さんが1、2、3……と順に片づけていきます。最初はほとんどお母さんが片づけてしまって、最後の3つくらいを、つまり8、9、10あたりを子どものために残しておい

て片づけ完了部分（スッキリ片づいた）を経験させてあげます。このとき、「片づけようね」と声を掛けるだけではなく、子どもを片づける物の前に座らせ、お母さんは子どもの後ろにまわり、「片づけようね」と声を掛けながら、一緒に収納箱に入れさせるなどします。

そして、最後の3つを片づけることができたら、必ず褒めてあげるのです。「上手にできたね」「えらいね」など、何でもいいです。とにかく褒めてあげます。**ここでの基準は、子どもがうれしそうな顔をするまで褒めるということです。**お母さんの「褒めた」という自己満足ではダメです。

子どもがうれしそうにしたかどうか、よく表情を見てください。実際にはほとんどお母さんが片づけたので、要求水準を高くしているお母さんはあまり褒める気がしないかもしれないでしょう。大げさに、演技でもよいから子どもが喜ぶまで褒めてほしいものです。私の場合は、心底、ホメホメしまくります。

これがうまくいくようになったら、次の段階として、残り3個だったのを4個、5個と増やしていき、最終的に子どもがひとりで全部片づけられるようにします。

このやり方のポイントは、ほとんどお母さんが片づけているのに、子ども自身が片づけた気になれる点です。**でもそれ以上に大事なのは、子ども自身が「片づけたら、お母さんに喜んでもらえた」と実感できることなのです。**子どもはそれがうれしくて、また片づけますし、片づけが習慣づいていきます。

実践を伴わない学者などは、「褒められるためにやるのは本質的でない」と批判します。その人たちは、子どものことをわかっていません。大丈夫です。こうやって大げさなベタ褒めから始まっても、必ず自然に子どもは片づけること自体のスッキリ感も味わえるようになるからです。

叱られながらやったことは、習慣になりません

でも、こうした悩みを相談されるお母さんは、こんなやり方をしていません。子どもに全部片づけさせようとして、最初の1個目からやらせます。2個目も辛抱強く待ち、3個目も……。自閉症の子どもの場合、そのうちボーッとしたり、片づけるべきおもちゃで遊び始めたり、片づけに集中できなくなることがあります。よく見てみる

と、自閉症でない子どもでも、同じような状態になっていることがあります。

子どもが片づけをやめてしまうので、お母さんはイライラして叱ります。子どもは「お母さんに叱られないために片づけるしかない」「片づけなんか楽しくない」と感じ、片づけが嫌いになってしまいます。嫌いになってしまうと、子どもはますます片づけないし機嫌も悪くなり、お母さんのイライラはさらにつのるという悪循環に陥るのです。

考えてもみてください。「ほら、片づけて！」「ほら、次はあっちの！」「こっちにもあるよ！」「まだ、残ってるじゃないの！」と、半ばお叱りモードのお母さんに指示されながら片づけていると、その状況が嫌で嫌でたまりません。こんなやり方では、大人だって気持ちのよいものではないでしょう。

でも、褒められると人は「やってみようかな」という気になります。褒められることで、行動が変わるのです。これは子育てにおいて、とても重要なファクターです。

失敗しても、「やろうとしたこと」「進歩したこと」を褒められます

もちろん、片づけ以外のことでも同じです。たとえば、トイレトレーニングです。トイレの習慣をつけさせようと、「おしっこのときは言うのよ」「ズボンを脱いでからしないから、濡らしちゃうのよ」などと教えていても、子どもは1回で覚えるわけがありませんし、最初のうちはたいていうまくいきません。

では、どうすればいいのか？

褒めればいいのです。これまた叱りゼロです。

新しい習慣を身につけさせるのに「叱り」は不要なのです。

たとえ、言い出すのが遅すぎてトイレに間に合わなかったとしても、子どもが「おしっこ」と言ってトイレのほうへお母さんの手を引いて行こうとしたのなら、**「おしっこって言えたね！」**と褒められます。自分でズボンを脱ごうとして途中でもらしてしまったとしても、**「すごいね！　自分で脱げるようになったね！」**。こんな調子で、子どもの行動を何から何まで褒めます。

そうすると、子どもは失敗しても叱られないのですから、トイレに行くのが大好きになります。そのうちにだんだん「おしっこ」と言い出すタイミングも早くなり、ズボンを脱ぐのも上手になっていきます。

このように、**何か新しい行動をさせたいなら、「肯定する」「褒める」のが一番の早道です。**くり返しますが、子どもに何か新しいことを教えたり、やらせたりしたい場合、叱る必要がないということです。

アメだけでいい。ムチはいりません

よく、「子どもはアメとムチをうまく使ってしつけろ」などと言う人がいますが、新しい習慣づくりにムチはいりません。アメだけでいいのです。何度でもくり返しますが、新しい行動を身につけさせるのに、叱りはゼロです。だから、**「片づけを習慣づけさせたい」というこの相談の答えは、子どもの行動のたびに「粘り強く叱る」のではなく、「粘り強く褒める」ことです。**

褒めることで行動が変わるのは、子どもだけでなく大人も同じです。誰でも、いつも自分を叱りつける人には近寄りたくないけど、いつも自分を気持ちよく褒めてくれる人の言うことは聞いてみようかなという気になるものです。

そのことを体験できるこんな方法があります。家でもできるので、後でぜひやってみてください。

たとえば、家のリビングに大人が3人いるとします。AさんとBさんが部屋に残り、Cさんは外に出ます。このとき、部屋の中に残る2人は、外に出るCさんに、「これからリビングの中にある何かひとつの物に触るとか、何か特定の行動をしてもらいます」「正解に近づけば拍手するからどんどん動いてね」とだけ伝えておきます。

そして、部屋に残った2人で、Cさんに何をさせるか決めます。たとえば、ベランダに面したカーテンの右側だけを閉めるということにしましょう。それを外にいる人に聞こえないように、こっそり打ち合わせます。

打ち合わせがすんだら、外にいるCさんに部屋へ入ってきてもらいます。そして、好きなように動いて、なんでもいいから手当たりしだいに触ってもらいます。

部屋の中の2人は、Cさんが目当ての物、つまりこの場合はカーテンですが、そこ

に近づく行動をとったら拍手をし、遠ざかったら拍手をやめます。うなずくのでもいいです。ただし、言葉で答えを教えてはいけません。それなら大人なら誰でもできるからです。ムチ、すなわち否定的な言葉「あ〜、そっちじゃない〜」「違う！」といった表情やしぐさも使いません。

そして、拍手をするタイミングは適切な行動をしている最中か、直後1秒以内であれば有効です。タイミングが数秒遅れると、Cさんはかなり困惑するでしょう。

Cさんは、あちこちを手で触れながら部屋の中を移動し、試行錯誤しながら行動の答えを探っていきます。このとき、**Cさんが唯一頼りにできるのは、2人の拍手のみです。**拍手が大きくなる方向へ動き、鳴り止んだら行動を変え、あれこれ試行錯誤しながら目当ての行動に近づいていきます。

Cさんは、拍手を頼りにだんだん窓辺に近づいていくでしょう。そして、何かの拍子にカーテンに触ります。そこで一気に拍手が大きくなるので、行動の答えはかなり絞り込まれます。そこまでいけば、右側だけを閉められるのは、もう時間の問題です。

「いいね！」「ＯＫだよ！」と伝えるだけで新しい行動が身につきます

このゲームは、**行動の直後に「いいこと」が伴うことで、まったく新しい行動がどのように形成されていくのか**ということを学生に教えるためのワークです。

どの家のリビングにも、たくさんの物が置いてあります。テレビ、テーブル、ソファ、クッション、新聞、花瓶、写真立て、ペンやハサミなどの日常的な小物。でも、どれだけ物がたくさんあっても、リビングよりも広い会議室や体育館でも、この例のようにあまたある物の中からあるひとつを選ばせ、こんな広い空間の中ですら、拍手のタイミングを絶妙にしさえすれば、特定の行動を形成することができるのです。

このワークでは、行動の直後にもらえる拍手が学習者を肯定しています。つまり、拍手されることは、「よし！」「いいね！」と褒められているのと同じなのです。

たとえば、「右側のカーテンだけ」閉めさせたいのだけど、学習者が窓とはぜんぜん違う場所へ向かい、違う物ばかり触っているとします。拍手する側は、心の中で、「そっちじゃないよ」「ああ、もう」と思っているわけですが、それを言葉にも態度にも出しません。

でも、もしもそれらを全部言葉に出したとしたらどうでしょう。窓から遠ざかったら「違うよ！」。違う物に触ったら「なんでできないの！」。そんな態度をとられたら、ワークとはいえ嫌な気分になります。

褒めることの大切さに気づけば、褒め方も上達します

子どもがすぐに片づけないとき、「あ、また片づけてない」「なんでできないの！」「ほら、片づけて！」「まだ残ってるじゃない！」と叱るのは、これと同じ状態なわけです。これでは片づけが嫌になって当然だと思いませんか。

お子さんが1個でもおもちゃを片づけたら、めちゃくちゃ褒めてください。

「私はちゃんと褒めてます」と、胸を張っておっしゃるお母さんも、いらっしゃるでしょう。でも、それって、無理やりやらせて最後に「ちゃんと褒めてます」ということではないですか。「なるべく叱らないようにしています」と言うお母さんもいらっしゃるでしょうね。その方は叱らないのかもしれませんが、わが子を大して褒めても

いないことに気づいていないのではないですか。お母さんが褒めたかどうかが大切なのではありません。**褒められた子どもが満足しているかどうか。うれしそうにして、また褒められるのを期待しているかどうかが大切なのです。**だから、子どもをしっかり見ましょう、ということなのです。

褒めなくてもいい子育てができると思っているお母さんが、いかに多いかということです。「やって当たり前」「できて当然」と思っているお母さんは、なかなかスモールステップで子どもを褒めようとしません。まず、褒めることの大切さに気づかないと、褒め言葉の掛け方や褒めるタイミングも上手になっていかないのです。

奥田先生の応用問題

まだ言葉を十分に理解できない1歳前の子の場合は？

1歳前の子どもでも当然、褒めましょう。心から喜びを表現してあげると、自然とこんな小さな子でもお母さんの喜びが伝わります。抱きしめたり、拍手をしたり、笑顔で声を掛けてあげてみて、子どもの反応を見てみましょう。褒められると調子に乗って同じ行動をくり返すなら、お母さんの「褒め方」はうまくいっているということなのです。まだ話し言葉がほんの少ししかない子どもでも、「もっと褒めて」「ねえ、もっと褒めて」と言っているかのようなリアクションが、うまく「褒め」が伝わっているサインです。**答えはいつも子どものリアクションにあるのです。**

約束を破ったときに叱るよりも、できたときに必ず褒めるほうが効果的です

Q2

自分から歯磨きする習慣をつけさせたいのですが

「ご飯の後は歯磨き」の習慣をつけさせたいと思っています。「食べたら30分以内にやろうね」という約束事にしていますが、なかなか守れません。「やった?」と聞けばしぶしぶ洗面所に行くのですが、言われないと忘れているようです。どうすればいいでしょうか。5歳の女の子です。

A

「たまたま子どもが忘れなかった日」にヒントがあります。

約束事を決めた親が「警察官」になってしまっていませんか？

「約束事にしています」とありますね。これを読んで、「すごいな、ちゃんと約束事をつくってるんだ」「うちなんか、約束事はいつも破られるから諦めてるなあ」などと、感心したお母さんもいるでしょうね。

確かに、子育てに約束事をもうけているのですから、お母さんは子育てに真剣に取り組んでいらっしゃるのでしょう。でも、約束事があればいいというものではなく、**その約束事をどう生かしているかということのほうがもっと大事です。**

この悩みに対して、子育てとは一見無関係に思える話を例に説明していきたいと思います。

車の運転免許を持っておられる方は多いと思います。スピード違反や駐禁エリアに駐車して、運悪く警察に捕まった経験がある方もおられるでしょう。当たり前のことですが、警察はドライバーが違反したときに捕まえます。警察は「こいつらちゃんと交通ルールを守ってるか？」という目で市民を見張り、社会を取り締まっています。たとえば、あなたが車を運転しているとします。制限速度60キロのところを80キロで走ったら、ネズミ捕りの警官やたまたま近くにいた白バイに追跡されて、パッと捕まります。罰金を払わされ、免許証の点数も取られてしまいます。

「なんでウチだけ捕まるのん？」「もっと飛ばしている人、ほかにもいるやんか！」などと関西のＣＭで見たことのあるオバサンみたいに愚痴りたくもなります。

それが警察の仕事といえば仕事なので仕方ないのですが、逆のことは起こりません。

その逆のことというのは、交通ルールをちゃんと守っている人を見掛けたとき、その人間に対してねぎらったり、やさしい言葉を掛けたりすることです。

ドライバーが、制限速度60キロの道路をちゃんと規則を守って60キロ以下程度で走っていたとします。そこで警官がピピピッと止めて、こう言うのです。「あなたえらいねー！　ちゃんと制限速度を守って走っていましたね。優秀な模範ドライバーですよ。はい、行っていいよ」

親や教師が取り締まりばかりの警察官と同じでは困ります

ありえない話ですが、警察にそんなことを言われたら、びっくりしますよね。警官に止められるときは怒られるときと決まっていますから、「え？　なんか悪いことした？」とドキッとします。というか、「驚かせやがって」とムカッとするかもしれません。

でもこんなふうに声を掛けられたら、「いや〜、褒められちゃったなぁ」と、まんざらでもない気分になる人もいるかもしれません。「そんなやつ、おらんやろう」と思われる方は、それではこの警官が「優秀な模範ドライバーですよ。はい、10万円」と現金を渡してくれたとするならば、いかがでしょう。

まあ、私は警察がきちっと取り締まってくれることは必要だと思っていますので、こんなたとえ話が実際にあるのでは困ります。ただ、**ここで言いたいことは「親や教師が警察官のようになってしまっていませんか？」という問いかけなのです。**本当の世の中では、警察に褒められようと思って生活している人は、あまりいないでしょう。

どちらかというと、「警察さんにご厄介になるようなことはしたくないな」というのが本音なのではないでしょうか。

家庭の中まで、そういうのでは嫌ですね。特に悪いことをしていなくても、運転中にパトカーが接近してくるとドキッとしたり、街の中でおまわりさんに「ちょっと」と声を掛けられて「えっ?」と少しだけ緊張したりするのを、親子関係で再現したくはないものです。

「やって当たり前」にならなければ褒められます

子育てにおける約束事、つまり、親子の間で「これは、こうしようね」などと約束していることというのは、親が「こういうことを習慣づけたい」「こういうふうに育ってほしい」「こんなことはやめてほしい」と考えていることの中から決められたものですね。子どものほうから提案がなされるということは、まずありませんから。

その約束事を子どもが守ったとします。親は「よしよし、約束をちゃんと守ってる」と心の中でつぶやいて満足です。

でも、あるとき約束を守らなかったとします。そうすると、「あれ？　今日はなんでできないの」「何さぼってんの？」と、**やらなかったときだけ叱るようになります。これ、さっきの警察の取り締まりと似ていると思いませんか？**

私は、この質問をされたお母さんに聞きたいですね。子どもが約束を守ったとき、褒めていますかと。最初は褒めたかもしれませんね。でもほとんどの人が、だんだん褒めなくなるんです。**約束事にしてしまったら、守って当たり前になってしまうからです。**

『やっちゃだめルール』でよい習慣は身につきません

約束事で教えようとすると、「褒め」からどんどん遠ざかってしまいます。そこが約束事をもうけることの落とし穴です。

約束を守ったときは褒めないけど、ダメなことをしたときだけは目障りだから叱る。そして、**約束事というものを持ち出して、「ルール違反でしょう」「約束したよねえ」「もう5歳でしょう」と子どもを追い込む。これでは、いい習慣は身についていきませ**

ん。さらに悪いのは、「弟に意地悪しないこと」「はしたない行動はやめること」というような、『やっちゃだめルール』で、子どもをがんじがらめにすることです。こうなると、子どもを叱るばかりになってしまうことでしょう。

決めたことを「やって当たり前だ」になってはいけないのです。だから、子どもが食後30分以内にちゃんと歯を磨いたら、親もちゃんと褒めてあげてください。子どもがうれしそうにするまで。

大人は、食後の歯磨きの大事さがわかっているから苦もなく習慣づけられますが、子どもには体を清潔に保つ大切さはまだわかりません。だから、忘れてしまうし、「やらなくちゃ」とも思わないのです。それに対して、「なんでいつも言われないとできないの」と叱っても無意味です。

それよりも、**食後しばらくしたら何も言わないのにスーッと洗面所に向かったとき、「ちゃんと歯磨きを覚えていて、えらいね！」と褒めてあげるのです。**

「やって当たり前だ」と思っていると、子どもが自発的に洗面所へ向かったことに気づかなくなります。むしろ、「子どもは約束を守れないものだ」くらいに考えておけば、少ないチャンスを逃すことなく褒めることができます。

褒めるタイミングを逃さないために大切なこと

食後の歯磨きのように、体を清潔に保ったり病気の予防につながる行動をしたり、規則正しい生活を送るために、子どもが身につけていかなければいけないことはたくさんあります。でも、子どもにとってそれらは、やっても特に楽しいことではないから、習慣づけるのがそう簡単ではないのです。

Q3
お風呂になかなか入りません
「お風呂の時間は夜8時ね」と決めているのに守れません。いつも「早く入りなさい！」と叱ってばかりで嫌になります。もう小学2年生なのに。

A
お風呂の準備を始められた瞬間に褒めましょう。

この質問の場合、これも先程の例と同じように、**自分からサッとお風呂に入る準備をし始めたときに、「自分でお風呂の準備できたんだ」「えらいね」と褒めればいいのです。**

でも、食後の歯磨きや、決められた時間にお風呂に入ることがなかなか習慣づかないのは、子どもが歯磨き嫌いとかお風呂恐怖症というわけでなく（そういう場合なら、もうちょっと専門的な相談で直していきます）、**単純にほかにやりたいことがあるケースが多いのではないでしょうか。**質問のこの子の場合、**テレビが見たい、ゲームを続けたい、あるいは、眠たい。そういったことが、歯磨きやお風呂に入るという行動よりも勝ってしまっているのでしょう。**

たとえば、7時55分に子どもの好きなテレビ番組が終わったとします。そのタイミングで、「テレビ終わったね」と声を掛けるとか、小さい子なら「さっきのアニメ、お母さん見られなかったから、お風呂でお話を教えて」とお風呂へ誘うのはアリです。

でもその7時55分のタイミングで、子どもが自分でテレビのスイッチを消したのに、お母さんが携帯でメールをやっていたとします。子どもはお母さんが何かずっと自分のことをしているから、「マンガ読もう」と思ってしまう。それで、『ワンピース』を読み始めます。そんなタイミングで、お母さんが自分のメールを打ち終わって、お風呂に入っていない子どもに気づき、「あれ？　お風呂は？」「時間でしょ。なんで入らないの」とやるから、ダメなんです。

小学生で、もうひとりでお風呂に入れる子も、まだお母さんと一緒に入っている子も、グズグズ言って親を困らせることになります。

だから、子どもが7時55分に好きな番組が終わって、**パッとテレビから離れることができたら、褒めてあげましょう。**きっかけになるような促しの声掛けもアリです。促しつきであっても、子どもがそれに応じたら存分に褒めればよいのです。そうやって、子どもの行動をうまく導いていきましょう。

わが子を低めに見積もることで、心に余裕が生まれます

もちろん、お母さんはベストのタイミングを子どもの横でずっと待っているわけにはいきません。家事のあれもやってこれもやって、いつもいいタイミングで声掛けしろと言われても、難しいと思います。そんなに簡単にできることではないです。

ただ、タイミングをはかるだけで、子どもの行動はぐんと違ってくるということは事実ですから、それを覚えておいてほしいのです。**タイミングをつかめれば、褒める機会も増えます。**

それともうひとつ。お母さんが心に余裕を持っておくことも、褒める機会を逃さないために必要なことです。たとえば、こんな相談もよく聞きます。

Q4

朝ひとりで起きません

目覚ましが鳴っても、大声で何回怒鳴っても、起きません。7時30分には起きてくれないと、私も仕事へ出掛ける準備があるので困ります。どうすればひとりで起きる習慣がつきますか。

A

「できないかも」という気持ちで接していれば、できたときには思いっきり褒められます。

お母さんとしては、7時30分には起きてほしいと思っている。

でも、毎日1階のキッチンから大声で「起きなさい、時間よ！」「学校遅れるよ！」と5回くらい声を掛けないと起きてこない。

確かに毎日そういう状態だと、朝からイライラしますね。でも、たまに3回呼んだだけで自分の部屋から出てきた日もあるんじゃないですか。なぜか、いつもより10分早い7時20分に起きられた日もあるはずです。

そういう日にここぞとばかりに褒めてあげたいわけですが、そのタイミングを逃さないためにはちょっとしたコツがあります。

「朝ひとりで起きることくらい簡単に習慣にできるはず」と思うのではなく、**「朝ひとりで起きるなんて難しいこと、うちの子にはまだまだ無理だろうね」と思っておくのです。**

誤解を恐れずに言ってみますが、「わが子に期待しすぎるな」ということです。教育学者なんぞは「親がわが子を信じなくてどうするの？　いっぱい期待してあげなさい」と言う人もいるでしょう。そして、そう言われると土台がしっかりしていない親は「そうだ、その通りだ、わが子を信じよう」とすぐに影響を受けてしまいます。そのせいで、子どものスモールステップの歩みを褒めてあげることができず、「なんでできないの?」と叱ってしまうようになります。

スモールステップを用意してあげれば、どんどん褒められます

「うちの子にはできない」と見積もっていたことが意外にもできたら、親は心から感激して褒めることができます。「これをやるのに10分で終わらせてほしい」と期待するのではなく、「これをやるのに、あの子なら30分はかかるだろう」と低めに見積もっておくのです。

そうすると、子どもが15分でやれたときに、「すごいね! できたね!」とめちゃくちゃ褒めることができます。「10分で」と見積もっていたら、「なんだよ、5分オーバーじゃん」となってしまいます。

親のほうで「ここまでは許容範囲」というギリギリのところまで、子どもの行動への期待を低めに見積もっておくことで、それが心の余裕となります。走り高跳びの

バーを少しずつ高くしていくようなものです。ちょっとスランプならば、実力よりも少し下げたっていいじゃないですか。

このコツを心得ておけば、「なんでできないの？」「いつも言ってるのに」とイラつくことも減ります。

「自分から進んでやる子」に育てるには、「偶然」のタイミングが大切です

Q5

お手伝いをする子になってほしいのですが

食事で使った食器は自分で流しまで持っていく、お布団はたたむ、など、小学3年生になって決めた「自分でやること」は守る娘です。ただし、決めたこと以外のことはやりません。親が忙しそうなときには、「手伝おうか?」と声を掛けてほしいなと思うのですが、贅沢でしょうか。

A

「子どもが偶然いいことをする」まで辛抱強く待ってください。

約束だけ守る子と誰かを助けたいと思って動く子、どちらになってほしいですか？

このお子さんは、「食事で使った食器を自分で流しまで持っていく」「お布団をたたむ」という3年生になって決めたことは守っているのですね。でも、決めたこと以外のことはやらない。そこがお母さんは不満だし、心配でもあるわけです。

歯磨きやお風呂に入るなど、生活の基礎的な習慣を身につけることから、さらに一歩進んだいい習慣を身につけさせたいと望むことについて、「贅沢でしょうか」とありますが、贅沢じゃないですよ。むしろ、そういうことができる人間に育てていかなくてはいけない。ただ、簡単なことではないですけどね。

たとえば、この相談をされたご家庭をAとします。Aさんのお子さんは、3年生になったとき食器片づけとお布団たたみの2つはやるということを約束したので、言われなくてもできるようになりました。

それに対して、Bという家庭があると考えてください。このBのお母さんは、「自分でやること」は決めていません。だから、Bの家の子は、Aの子のように生活の中で「自分でやること」があるという意識はありません。

でも、ある日、Bのお母さんが仕事でとても疲れて帰ってきて、「あ〜、今日は洗い物がたくさんあるなぁ」と、つぶやいてしまいました。すると、その子は食器を流しまで運んでくれて、「洗い物もやるよ?」と言ってくれました。**そのとき、お母さんは思いもかけないわが子の親切がすごくうれしくて、心から「ありがとう!」と言いました。**

翌日のこと。お母さんは何も言わないのに、なんとその日も子どもが手伝ってくれました。またお母さんは感激して、「助かるわ、ありがとう!」と伝えました。

そして、3日目。この日は、子どもは手伝ってくれませんでした。でもそこでBのお母さんは、「え? 今日はやってくれないの」とは言わなかった。なぜなら、お母さんはその日は元気だったので、「手伝ってくれたらな」と言う必要がなかったからです。そこで、お母さんはチャッチャと洗い物をすませました。

お母さんの「ありがとう」ほど、子どもを動かす言葉はありません

半年後のことです。Bのお母さんがスーパーで買い物をしたら袋が3個になってしまいました。お母さんが思わず「よいしょ、と」と言ったら、子どもが「持つよ」と言って助けてくれました。お母さんはまた感激して「ありがとう！」とその場で褒めてあげました。

次にスーパーへ行ったときには、袋は2個しかなかったから、お母さんは両方とも自分で持ちました。子どもに「軽いほうだけ、持ってよ」とか、「今日は持ってくれないの？」とは言いませんでした。

さて、このふたつの家庭の2年後を想像してみましょう。

Aの家の子は、以前と変わらず食器片づけとお布団たたみの2つは習慣になっているはずです。「一度もさぼったことがありません」と、お母さんは誇らしげに思っているかもしれません。

一方、Bの家の子は、お布団たたみの習慣はついていません。なぜなら、それはお母さんがやってあげているからです。

でも、Bの子は食器を洗うのが習慣になったのか、お母さんが「今日は疲れたな。やってくれたら助かるな」と言わなくても自分から洗い物をやるようになりました。

スーパーで袋を持ってくれることも頼まなくてもやるようになったし、ときどきお母さんの肩たたきもしてくれる。頼んでないのに、お母さんが洗濯物を取り込もうとしたら手伝ってくれる。**お母さんはこれらをまったく約束事にしなかったのに、お母さんがしんどそうなときは、子どものほうから「手伝おうか」と言ってくれることがどんどん増えていきました。**

プロローグで説明した「天秤」になぞらえて言うと、**お母さんの「ありがとう!」の言葉や心からの笑顔が、子どもを「お母さんを手助けする行動」のほうへ、ぐっと傾ける重りになったということです。**それまで習慣でなかった手助けが、Bの子にとって「楽しいこと」になったわけです。

「自分からやる子」と「叱られないためにやる子」の違い

前の項目でも、「約束事にしてしまうと、〝やって当たり前〟と親が思ってしまいがち」という話をしました。この相談をされたAのお母さんは、もう3年生になったんだから「自分でやることは、やって当たり前」と思い、あまり子どもを褒めてこなかった可能性があります。

食器片づけとお布団たたみは習慣になったのですから一見よさそうですが、一度もさぼってないのではなくて、たまにし忘れることがあるとお母さんが叱ってやらせている可能性も考えられます。

そうすると、お母さんがいくら「もっと手伝う子になってほしい」と望んでも、子どもの行動は変わらず、**「言われたことだけやる」「合格ラインぎりぎりのことをやって叱られないようにする」**ものばかりになります。こういう状態を「横ばい状態」と呼びましょう。右肩あがりに生産していくのではなく、合格ラインを超えたらそれ以上のことはやらない、つまり生産性が横ばいだということです。

Bのお母さんはどうかと言うと、わざと約束事にもせず、いつも子どもがやってくれたことに対して感謝していました。すると子どもは、布団たたみの習慣はついていないけど、お母さんが困っていたら手伝ってあげたいと思うようになり、「やって」と指示されなくても自分から手伝えることを探し出し、しかも助けになること自体に喜びを感じていくようになるのです。

Aの子とBの子では、大きな差があると思いませんか？

ちょっと、67ページのふたりを見比べてみてください。Aの子とBの子の将来像です。

なぜ「横ばい人間」が育ってしまうのでしょう

私がこれまで子育て相談に関わる中で、Aのような家庭もBのような家庭も実際にたくさん見てきました。私は、お母さん方にこのBのような家庭を目指してほしいと思っています。もちろん、この相談にもあるように、Aのお母さん自身もそういう子に育ってほしいと願っておられます。でも、どうもお母さんの思うようにはいっていない。

最近、「うちの子はどうも無気力で」とか、「何事にもやる気が薄いのが心配」という声をよく聞きます。もっと意欲的に行動してほしい、そして、もっとわが子の成長や自立を促したいと多くのお母さんがお考えです。

だからこそ、そのために「ルールが必要」「ちゃんとやらせる経験が大事」と考えがちです。**でも、そのお母さんの考えが、わが子を「横ばい人間」にしてしまうのです。**

自分が「こうしたい」と思ってやってみたことで、その結果が周囲からの賞賛という評価と結びつくと、「やったぞ！」という手応えが得られます。それがダイレクトな喜び、満足感、充実感となって、行動をさらにポジティブに強めていくわけです。

それに対して、何事も言われたことだけ渋々やる人はそれだけの行動しかしませんし、いくら言いつけを守っても、そこに喜び、満足感、充実感はほとんどありません。ですから「叱られないようにしよう」というネガティブに強められた行動ばかりになり、低空飛行の一途をたどります。

もうおわかりだと思います。**叱られることを避けるために行動しているか、その行動自体が楽しくて仕方がないから行動しているかで、子どもの現在の行動も将来の行動も大きく違ってくるのです。**このことは、社会における伸びる人と伸びない人の差の原因となるのです。

「わが子に、どんな大人になってほしいですか?」

ビジネスマンを例に考えてみます。

ポジティブに行動が促進されてきた人は、「言われたことをやるのは当然。でも、言われていないこともガンガンやる」人ですから、自分からどんどん挑戦し、しっかりと結果を出すでしょう。仕事そのものを楽しんで、いろいろな工夫をし、クリエイティブに働きながら気がつけば同僚に大きな差をつけています。会社の決めた目標や最低限の仕事量なんか関係なく、伸び続けられる人です。こういう人は、上司や仲間に信頼され、大きな仕事を任されることでさらに飛躍していきます。会社になくてはならない人になれるわけです。

「横ばい人間」の特徴

- 自分からはやろうとしない
- 言われたことだけ実行する
- 失敗を恐れて試行錯誤しない(言い逃れのウソや言い訳が増える)
- 現状維持に甘んじて、創造性・生産性は低く枠を出ない
- 嫉妬しやすい
- 他人との差を意識する
- 人のせいと考える
- 「もうけた」「ラッキー」ばかりで一喜一憂
- チャレンジが少ない
- 結果に気持ちが奪われる
- 必要以上のことはしない
- 考えてみるがあまりやらない
- そのうち考えなくなる(行動が少ない)
- 失敗を少なくしようと思う
- 「やっても無駄だ」と諦めやすい

「ポジティブ人間」の特徴

- やりたいから自分から進んでやる
- 人に言われなくても実行する
- 多少の失敗があっても試行錯誤を続ける
- 創造的で、枠を超えた生産的なアイデアがどんどん生まれる
- 嫉妬の気持ちは起こりにくい
- 他人との差はあまり関係ない
- 人のせいと考えるよりも自分がどうできるか考える
- 「得るべくして得た」「ラッキーなこともある」と、それほど一喜一憂しない
- さらなる追求
- チャレンジ精神旺盛
- 原因と結果の関係をウキウキ考える
- 必要なことに加えて、常に改善を考える
- とにかくやってみる、そして考える
- 考えて、またやってみる(行動が多い)
- 成功を増やそうとする

一方、ネガティブに行動が促進されてきた人については、言うまでもないですね。言われたことしかやらないわけですから、あまり活力が見られません。やるべき最低目標のクリアまではがんばるけれど、そこで満足してしまいます。目標を達成するだけで叱られることはないだろうということで、たいてい目標ラインのギリギリ上あたりをいつまでも低空飛行しています。上司から新しいプロジェクトの遂行を求められると、それが成功したらどんなに充実するのかがわかっていても、あまり乗り気にはなれず溜め息ひとつ。上司にも、「もうこいつには新しい仕事を与えるのはやめておこう」と見限られてしまいます。

この質問のお母さんは、「ポジティブ人間」のような子であってほしいと願っているわけですね。しかし、現実はどうでしょう。「決めたこと以外のことはやりません」とあります。これはつまり、**叱られないためにやる行動が習慣づいてしまっているということです。**

もしかしたらすでにお子さんは、「自分でやること」だけやってればいい、やらないとお母さんに怒られるからやる、**小学3年生にして、指示待ち人間になってしまっているかもしれないということです。**

指示の出しすぎをやめて、ぐっと我慢です！

Bのお母さんは、「褒めなきゃ」と思ってテクニックを駆使して褒めたわけではありません。期待もしていなかった行動をしてくれたのがうれしくて、自然に心から「ありがとう！」と言いました。お母さんのこういう態度が、子どもの自然なやさしさや自発的な行動を引き出すのです。

こうしたことは、偶発的に起こることです。「やらせてやろう」とか「褒めてあげる準備をしたので、やらせてみよう」などという計算や小手先のハウツーだけで教えられるものではありません。

大事なのは、その偶発性を待つことです。「いいおこないを身につけさせるには、教えなきゃいけない」などと思わないことです。

「でも、じっと待っていたってそんな日は来ないのでは？」と思うから、お母さんの多くが焦《じ》れてしまって、「手伝ってよ」「前はやってくれたでしょう」と愚痴まじりに指示を出してしまうんですね。指示を出してやらせてしまった時点で、ネガティブな関係が始まってしまうのです。

自然にお手伝いできる子になってほしいのなら、あれこれ指示を出すのではなく、**子どもが偶然いいことをするまで、ぐっと我慢して気長に待ちましょう。**

私の経験では、子どもが大きくなった時点で、すでに「横ばい人間」になってしまってから、「ポジティブ人間」にしていくのは至難の業です。幼児期から「ポジティブ人間」になるよう努力したいものです。コツはありますよ。Bのお母さんのように、「褒めてあげる」というのではなくて、「本当に感謝する」という姿勢からヒントを得てください。

自分がやったことに対して**お母さんから本気で褒めてもらい、喜び、満足感、充実感を得て育った子は、大人になって社会に出てからもぐんぐん伸びる子に育ちます。**自発的にやったこと、できたことを褒められて育つか、指示されたことや約束事を守ることを強いられて育つかでは、人生を長期的に見たとき、とてつもない差が生まれるということです。そしてその差は、子ども時代から広がり始めているのです。

奥田先生の応用問題　お年寄りに席を譲れる子になってほしい

日頃からお母さんやお父さんがごく自然に席を譲って相手から感謝される場面を目にしていれば、子どもは「自分も真似して感謝されたい、褒められたい」と思うようになるかもしれません。逆に、「席が空いたよ、ラッキー」という姿を見せていると、子どもも小さいうちから「ラッキー」というふうになりますし、座れなかったら「ちぇっ、ついてねー」となります。

もし、親の見本を見倣って、子どもが自分から席を譲ったときには、心からの笑顔でうなずいたり、手をぎゅっと握ってあげたりして、お母さんのうれしい気持ちを伝えましょう。そのお年寄りの目の前で褒めちぎるのははばかられるでしょうから、駅についてから**「さっきはえらかったね。やさしいなって思ってお母さんすごく誇らしかったよ」**などと、伝えてあげてもいいと思います。

子どもが真剣にやったことなら、褒めポイントを探して百通りの言葉で褒めましょう

Q6

なんでも「ママやって」と自分でやりません

着替え、幼稚園バッグの用意、できるはずのことでも「ママ、やって～」と頼ってきます。友達と遊ぶ約束も、「ママ、電話で○○ちゃんに聞いて」と私にやらせます。5歳の女の子ですが、いくらなんでも依頼心が強すぎでは？　と心配です。

A

「褒めチャンス」を逃さず、折に触れて褒めましょう。

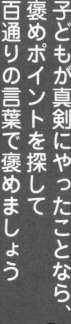

間違いを正すより、自信を持たせることのほうが大切です

「ママやって」とあまり頻繁に言われると、確かにこのお母さんのように、「この子、どうしてこんなに依頼心が強いの？」と、ものすごく心配になりますね。この質問の子は「できるはずのこと」をやってとねだっているようですから、依頼心が強いというより甘えん坊という表現のほうが近いのでしょうか。

お母さんは、こういう状態を見て「不安が強いのかも」と思われるかもしれませんが、「ママやって」とせがむことでお母さんと話ができたり、そばに来て手伝ってもらえたりすること自体を求めている場合も考えられます。「できるはずのこと」をただやっても、「それくらいはできて当たり前」と思っているお母さんだと、あまり褒めてはくれませんからね。

ただ、ひとつ心配なのは、この子が生まれつき甘えん坊ということでなく、自信が持てない育ち方をしてきた可能性があることです。

たまに、お絵描きを「ママやって」と言う子がいます。そういう子の場合、友達に

「○○ちゃん、お絵描きヘタ〜」と言われたことがきっかけで、絵を描く自信がなくなってしまったのかもしれません。

あるいはお兄ちゃんとお姉ちゃんは上手なのに、自分はまだうまく描けないということもあるでしょう。5歳くらいになると、上手な人と自分は違うということくらいわかります。お兄ちゃんやお姉ちゃんも、その子が描いたちょうちょの絵を見てそんなこと言わなければいいのに、「何これ、虫みた〜い」とからかったりする。そのたった一言で、二度とお絵描きできなくなるようなことすらあるのです。

また、子どもが描いた絵を見て、親自身が「ちゃんと描かないとわかんないよ」などと描き直させてしまったことが、原因のひとつになっている可能性もあります。

「褒めチャンス」は探せばいくらでも出てきます

子育て相談で、たまにこんな場面に出くわします。子どもが車の絵を描いたとします。タイヤを4個じゃなくて、5個描いてしまった子どもがいるとしましょう。そのとき、**お母さんの中には、「違うでしょ、車のタイヤは4個でしょ」と言って、消しゴ**

ムで消させたり、描き直しさせたりする人もいます。

もう、がっかりです。心底がっかりしてしまいます。

私ならこう言いますよ。**「あ、この車はパジェロやね！　タイヤが1、2、3、4……、5個目は後ろについてるタイヤだ。すごいね、これならパンクしても大丈夫だ！」**

もちろん、車はパジェロじゃないかもしれません。でも、子どもが一生懸命お絵描きして披露してくれたのですから、とにかく褒めたいじゃないですか。**描いたものの内容が正しいか間違っているかなんて、たいした問題じゃないのです。**

今挙げたのはほんの一例です。子育て相談の現場にいると、「お母さんもったいないよ！」「ああ、このお母さんの対応も、残念すぎるわ！」と嘆きたくなります。せっかくわが子をめちゃくちゃ褒めるチャンスがあちこちに転がっているのに、まったく気づいていない。それどころか、そういう「褒めチャンス」なのに、今の車のお絵描きのお母さんのように逆に叱ったりしています。

いろんな褒め言葉を研究しましょう

この相談と同じような悩みをお持ちのお母さん。もっと子どもを褒めることで子どもに自信をつけさせてあげてください。

「でも、やってほしいことをできてない子をどう褒めればいいの？」と思われる方もいらっしゃるかもしれません。エクササイズと同じで、練習、練習、また練習です。

仮に、私が小学校の40人学級の担任だとします。私だったら、どんな学級を任されても、その日のうちに40人を40の異なる言葉や表現で褒められます。

そう言うと、学校の先生によっては「そんなこと、私もできます」「私はもうやってますよ」とおっしゃる人もいるでしょう。でも、実際に「じゃあやってみて」と言われたら、途中からネタ切れして結構苦しくなってくるのではないでしょうか。そしてそのうち、「いい子だね」「3年生らしくてお兄ちゃんっぽいね」というふうに、誰にでも当てはまるような表現や、どこかで聞いた紋切型になってしまうようです。

私はもっと具体的に褒めますよ。「休み時間に、○○ちゃんとふたり並んで廊下を歩いていたとき、○○ちゃんが落としたハンカチを拾ってあげてたね」「そうっとカゴを置いてくれてありがとう」「○○くんは発明家だね、すごいアイデアだよ」という褒め方です。

子どもをちゃんと見ていれば、褒めることは次々と出てきます。そして、一度褒めたことでも、また同じことをやったときは違う表現で褒めます。

たとえば、娘のマコが飼い犬のスカイの世話をしているときにやさしく声掛けをしているのを見て、「スカイ、喜んでいるよ」と褒めたとします。次にまた同じような状況を見たときには、「スカイ、マコのことお母さんだと思っているみたいね」と言い方を変えるわけです。

子どもの行動を無理やりにでも褒めようと思ったら、褒めるところは絶対に発見できます。

そのうち、お母さんの褒めの語彙がどんどん豊富になってきます。もうおわかりだと思います。**褒め方のレパートリーをいかにたくさん持つかということが、とても大事なのです。**

失敗したって「Good try!」と褒めればいいのです

私は20歳を過ぎてアメリカに留学ならぬ遊学してホームステイしたことがあります。今は専門家として海外の研究者たちと交流があるのでよくわかるのですが、アメリカ人は本当に何でも褒めます。ちょっと腹立つくらい、うらやましいほど、褒め上手です。

街を歩いていると、見知らぬ現地人から「素敵な帽子だね」「かっこいいジャケットだな」「私、あなたの時計、好きよ」と声を掛けられまくりです。あまり服装を褒められると、「こいつら、追い剥ぎ?」と思ってしまうほどです。街行く人々がそんな感じなのですから、親がわが子を褒める回数や表現の豊かさも日本人の親とは比べものにならないことでしょう。アメリカのホームドラマや映画の台詞だけでも、その褒め言葉のバラエティーの豊かさには驚かされます。あの姿勢には、本当に見倣うべきものがあります。

たとえば、子どもがバスケットの試合で3点シュートを狙ったとします。点が入れ褒め言葉のバリエーションをたくさん持っていますか？

バスケットで、トライした3点シュートが
惜しくも決まらなかった子どもには…

NG **「あー、残念！」「もう少しだったね」「惜しいなあ」**
「もっとよく狙いなよ」

OK **「Good try!」「Nice challenge!」**
「いいコースだったな！」「次は決められるよ！」

お手伝いしようとして
運んでいたお皿を割っちゃった子どもには…

NG **「あ～、もう、ダメじゃない！」**
「危ないからあっちに行ってなさい！」

OK **「お手伝いしようとしてくれたんだね。**
ありがとう、大丈夫よ」

何かにトライした子ども、やろうとした子どもが失敗しても、「動機」や「やさしさ」、「チャレンジ精神」を褒めましょう。

他にも…

トイレトレーニング中、
間に合わなくてもらしちゃった子どもには…

「ひとりで行こうとしたんだね、えらいね！」

お絵描きの絵が、なんだか間違ってるんだけど…

「わあ！　足のあるお魚だ！
すごいなあ、一緒にかけっこできるかなあ！」
「お耳の丸いうさぎさん、やさしそうでかわいいね！」

ば誰でも褒められますね。でも、シュートは決まらなかったとしましょう。そういうとき彼らは「あ〜、残念!」とか「あとちょっとだったのに」などとは言いませんよ。彼らは「Good try!」と言って、**子どもが挑戦したそのこと自体を褒めるんです。**ぜひ、この姿勢を参考にしていただきたい。

失敗しても「Nice challenge!」と褒めることができれば、子どもが自信をなくさずにすみます。

私の想像ですが、一般的なアメリカ人は、褒めている自分が好きなんじゃないでしょうか。人を褒められる人というのは、おおらかなイメージがあります。そういう自己像が理想なんだと思います。

かたや、一般的な日本人は、そういう自己像を理想としていないのかもしれません。ともすると、子どもが何かよくないおこないをしたときにしっかり叱っていると、「あの家はちゃんとしている」と評価される文化があるために、「しっかり叱る」という価値観に縛られているのではないでしょうか。

最近はそのような価値観も崩れてきて、「そういうのはもう古いよ」と一蹴するような戦後の若い世代が親や祖父母になっています。彼らはどうかというと、とにかく子どもを受容し、共感するのがよい子育てだと妄信しています。ただ、子どもの言いなりになって、ダダこねに従っているだけなのに、「あそこのお母さんはやさしいね」「泣くたびに抱きしめてえらいね」となるわけです。

そういう親が子どもにやさしい親だとは、私は思いません。むしろダメな親でしょう。それよりも、いい言葉を選んで子どもを褒め励ましているお母さんをたまに街中で見かけると「お母さん、Ｇｏｏｄ　ｊｏｂですよ！」と、褒めたくなるくらいです。もちろん、怪しまれるので声は掛けませんけどね。

ティーンエイジャーになるまで、わが子を褒め尽くしてください

褒めのバリエーション豊かな親であるには、マルチな目線を持っておくことが最大のポイントです。

たとえば、すごく勉強ができる子がいるとしましょう。でも、その子は傲慢で、自分が優秀なことを鼻にかけて、できない子のことを家でバカにします。「クラスのヤツはバカばっかり」「39人のバカどもと勉強しなきゃいけない私って、かわいそう」。

こういう子は、成績はクラスで1番かもしれないけど、人格というものさしで測ったら最下位の40位です。子どもがこうなってしまうのは、もしかしたら親のものさしが成績だけだからかもしれません。

成績優秀という点においては、その子の親は大満足でしょう。そこだけ見たら、文句無しのいい子なわけです。**でも、そこだけしか見えていないのは、そこしか褒められないということです。**

子どもが偶発的に、近所の小さい子にやさしく接している場面を見ても、親は褒めないどころか無関心なのでは、この子の人間性は養われていきません。誰でもそうですが、人の悪いところを20個探すのはわりと簡単ですが、いいところを20個、30個、40個と見つけるのには苦心するものです。

親の価値観は子どもに自然と伝わります

だから、親がたったひとつのものさしでしか子どもを褒められないのは、とても危険なのです。これまで言ってきたように、**子どもの行動をよく見て、いいタイミング**

マルチな目線で褒め、同じことでも言葉を変えて褒め、失敗しても褒め……というようにマルチな目線でわが子を見ることが、褒めのバリエーションを増やすことにつながります。

さらにそれを心掛けていると、副産物があります。

親が多様なものさしを持ち、マルチな目線で子どもを褒めていると、子どもが知らず知らずのうちに真似るようになります。

「あの子はクラスで走るのが一番速い」「あの子はいつも静かだけど、すごくダンスがうまいんだよ」「お母さんは成績のことばかり言うけどさあ、あの子は学校一のおもしろい子なんだよ」というふうにクラス全員のいいところを探して、言葉にできるようになります。そして「私は勉強が得意。でも運動はイマイチだけど」というふうに自分自身のことを余裕を持って理解していけるようになるのです。

子どもが思春期に入ってから始めても遅いんです。子どもがまだ小さいうちに、とりあえずティーンエイジャーになるまでに、親はわが子を褒め尽くしましょう。小さいうちにそうしておくことによって、青年期には自分で自分を励ましたり反省したりできるようになるのです。

2章

子どもの性格ではなく
行動の特徴に注目すれば、
気になるクセも直せる

危険なクセ、どうしてもやめさせたいクセを直すには？

Q7 **いきなり手を離して走り出すクセをやめさせたい**

4歳の息子です。手をつないで歩いていても、急に手を離して走り出し、車にぶつかりそうになったりします。危険なのでやめさせたいのですが、男の子ですし、もともと活発な子なので言い聞かせるのが難しいです。事故に遭わないか心配です。

A **しっかり手をつないで逃げられないように練習してください。**

「絶対できない状態」にすることで、危険なクセもやめさせることができます

日常の小さなことだけど、実はとても気になっている子どもの行動というのがどなたにもあると思います。

この相談のように、子どもが手をパッと離して逃げ、お母さんがそれを「ダメよ、待ちなさい！」と追いかけているのを街中でもよく目にします。トムとジェリーのドタバタを生身の人間がスタントマン無しでやっているみたいで、ちょっと笑っていられません。

子どもは動きが素早いので、逃げるのも速いし、自分勝手に行きたいほうへ駆け出してしまいます。これが交通量の多い道路や交差点、駅のプラットホームなどだと、とても危険です。

私が教育相談を受けることが多い注意欠陥多動性障害の子どもの場合は、お母さんがこうした行動に対する対処法を知らないと致命傷にすらなります。

まず、この相談に端的にお答えしましょう。

「いきなり手を離して逃げるクセをやめさせるにはどうしたらいいですか?」の答えは、変に聞こえるかもしれませんが「しっかり手をつないで二度と逃げられないようにしてください」です。お母さんからすると、「ふざけないでちゃんと答えてください」ということになるでしょうけれど、「もう二度と、1回たりとも手を振りほどかれるな」——それが答えです。

お母さんは、「油断したら逃げられちゃう」ということを頭に入れたうえで手をつながなくてはいけません。手をつないで歩く練習では、お母さんは「油断しない、逃げられない」と頭の中で念じながら歩くのです。

それにはやり方があります。普通に手の平と手の平を合わせてゆるく手をつなぐのではなく、**親指とほかの4本の指の間で子どもの手の平をぐっと挟むようにします(子どもの指先を握るのではなく、手の平の奥深くというのがポイントです)。**指でぐっと締めるようにすると、振り切られません。そうすると、子どもも逃げられないとわかり、諦めて一緒に歩きます。

それでも力任せに腕を振り払おうとしたり、体をよじらせて引きほどこうとしたりする場合は、つないだ手を自分の腿《もも》の側面のあたりにピタッと寄せるようにします。

「危ないよ！」「手を離しちゃダメよ」と言うよりもずっと効果的な、手のつなぎ方を知っていますか？

- お母さんの親指とほかの４本の指の間で、子どもの手の平をぐっと挟むようにします
- つないだ手をお母さんの腿の側面にピタッと寄せると、より振り切られにくくなります
- 振り切って逃げそうな感じが減ってくれば、それに応じて少しずつ力を緩めましょう
- 手の平の奥深くを挟む形はそのままにしておけば、急に子どもが動いても瞬時に対応できます
- 「お母さんと手をつないだら、絶対に振り払えない、駆け出せない」という経験を重ねさせましょう

100回やっても100回とも振り切られない体験を！
（たまに振り切られるようでは、前よりもひどくなります）
そうやっていくと、気持ちよく手をつなぐこともできるようになります。

これで子どもの腕の自由度はさらに失われますから、逃げるのは困難になります。ときどき、子どもの手首をつかむようにして歩いているお母さんがいます。逃げられるから仕方なくやっているのでしょうが、あれはヘタなやり方です。自分もやられたらわかると思いますが、かなり強制的で、連行されているような嫌な感じを受けます。

100回連続アウトを目指してください

この手のつなぎ方に子どもが慣れ、振り切ったりせず、ちゃんと一緒に歩けるようになったら少し力を緩めてあげます。**でも、親指とほかの4本の指で子どもの手の平の奥深くを挟む形はそのままにしておきます。**

最初からこの完成形でつないでおけば、子どもがいきなり手を振り切ろうとしても、瞬時にぐっと力をこめ、振り切りを未遂に終わらせることができます。そこで、「危ないから今は手をつなごうね」と声を掛けると、子どももだんだんわかってきます。**完全に無理な状態にするからこそ、わかるんです。**

この「手をつないで歩く練習」に真剣に取り組んでくれているお母さんに、1ケ月経ってから様子を聞くと、「10回に1回はまだ逃げますけど、ほとんどできるようになりました」とおっしゃることがあります。でも、10回に1回は逃げ出せて、走り出したらお母さんが追いかけてきてくれる。その経験が、また走り出す行動につながってしまうのです。だから、「10回に1回くらいならいいだろう」「ほとんどできるようになった」ではダメなんです。

10回振り切ろうと試みたら、10回連続失敗。100回やったら、100回連続失敗。手をつないで歩くときには、絶対逃げられないようにすることが大事です。

言葉で言い聞かせようとするのではなく、手をつないで歩く練習をして、子どもが振り切るのを諦めるようになるまで続けてください。

1歳過ぎで歩けるようになってからしっかり練習を積んでおけば（そして振り切りゼロになっていれば）、児童期になるともう手をつながなくてもお母さんの隣をついて歩けるようになります。

この質問の例に限らず、何事も行動が変わるまで根気よくやることが大事です。

歯磨きや薬飲みを嫌がらなくなるコツ

たとえば、次のような場合も考え方は同じです。

Q8

2歳の息子が歯磨きを嫌がります

まだひとりでできないので「歯磨きしようね」と声を掛けるのですが、毎日、「嫌!」「じっとしなさい!」のくり返しです。

Q9

薬を飲むのを嫌がり、逃げまわります

薬が大嫌いで、飲みやすいシロップでも嫌がります。風邪をひくたびに格闘せねばならず、ほとほと困っています。いい方法はないでしょうか。

A

大人の体力的なアドバンテージを有効に使って、「この場面ではわがままが通らない」ことを教えましょう。

どちらの場合も、まず股の間に子どもの頭をガシッと挟んでしまいます。そのとき、子どもの両腕が自由な状態だと脱出しやすくなりますから、お母さんの太腿で押さえるようにします。とにかく、子どもが暴れることができないように固定します。

このとき大事なのは、ガシッと固定しながらも、怖い顔はしないこと。子どもが泣き叫んだからといって大声で叱ってはいけません。むしろ、ニコニコしながら「はい、お口アーンして」とやさしく声を掛けます。ここでお母さんがあまり必死の形相で押さえていると、それだけで子どもは嫌になり、ますます抵抗してしまうからです。

そして、ここからがさらに重要なポイントなのですが、**子どもがジタバタするのを諦めて力を抜いたら、お母さんも力を緩めてあげてください。**先程の手をつなぐ例でも、「この手のつなぎ方に子どもが慣れ、振り切ったりせず、ちゃんと一緒に歩けるようになったら少し力を緩めてあげます」と言いましたね。それと同じです。

子どもが力を抜いたら、お母さんも力を緩めてあげることで、子どもはリラックスできる状態になります。それによって、嫌いな歯磨きや薬を飲むことに対する抵抗が少しずつ薄れます。もちろん、歯磨きや薬を飲んだ直後には、思いっきり褒めまくります。

この練習をくり返すうち、それほど力を込めて固定しなくてもすむようになり、そのうち抵抗しなくなり、最終的に自分から歯磨きができるようになりますし、「お口アーン」をしてお母さんが薬を飲ませてくれるのを待つようになります。

途中でジタバタしたり、逃げ出しそうな素振りを見せたりしたら、また力を込めてガシッと固定します。親と子の根比べなのです。お母さんが諦めるのか、それとも子どもが諦めるのか。当然、子どものほうが諦めるまでの根比べです。

歯磨きや薬を飲むといった子どもにとっては楽しくないことに、「何かうれしいこと」を組み合わせていくというテクニックも有効ではありますが、こうした「どうしても身につけさせたい習慣」には、暴れても無駄だというところまでの乗り越えが必要なのです。

このように、**大人の体力的・体格的なアドバンテージを有効利用することで、子ど**

もにその場で「しなければならない我慢」を覚えさせることができます。これは、子どもの気になるクセや行動を直していくうえで、とても大切なやり方のひとつです。

やめさせたいクセをやめさせる言葉掛け、導き方

その場、その場で我慢を覚えさせることができれば、「え？　そんなことまで？」と思うようなクセや行動さえも直していけます。

Q10

人前で鼻をほじるクセを直したい

暇があると鼻をほじって、その後、指をなめています。人前でやるのですごく恥ずかしいのですが、あんまり注意してもかえっていじりそうで困っています。

A

「ティッシュできれいに取れる」やり方を教えることで変わります。

小さい子には、こういうことがよくありますね。「放っておけばそのうち直るよ」と気楽に構えている方もいますが、気になって仕方がない方もいらっしゃると思います。大人になっても直らない人もいますからね。

この場合、「人前でやったらダメよ」ということを教えたいわけです。言葉でわかる子どもには言葉で教えてください。このように回答すると「それはやっています」と言われることでしょう。そうです。禁止事項を言葉で教えるというのは、ほとんど無効と言っていいでしょう。

解決のためのヒントは、むしろ言葉ではまだ理解できない子どもへの支援方法の中に見られます。言葉で言ってもいっこうに効果がないときは、「鼻ほじりはここでやりなさい」ということを教えてあげます。**「鼻がモゾモゾしたら、洗面台の前でほじって、後で手を洗うのよ」という具合です。**

また、ティッシュをこよりよりももうちょっと太めかつ柔らかめに先を丸めてあげて（エノキタケよりもシメジダケくらいのサイズ）、「これでお掃除すると、きれいに取れるよ」と言ってやらせてみます。白いティッシュで鼻の穴をほじったら、鼻くそが黒いのがわかります（田舎に行くと鼻くその色が違うことも親子で話題になります）。

「あ、ティッシュでやったらきれいに取れる!」と、おもしろがってティッシュで取りたがるようになるかもしれません。やりすぎると鼻血が出るのも学べます。

鼻をほじる場所と取り方を教えてあげるだけでいいのです。ほかの問題でもそうですが、**「○○しない」というのを教えるのではなく、「○○しよう」というのを教えたほうが生産的です。**

やめさせたいと思うよりも何をやらせるか考えてみましょう

また、男の子を育てているお母さんには、こんな悩みを持っている方も少なくないでしょう。

Q11

どこでもオチンチンをいじるクセが直りません

6歳の男の子です。人前でよくオチンチンをいじります。どうやってやめさせればいいのかわかりませんし、見ていると嫌悪感を抱いてしまいます。

A そのたびにトイレで手を洗うなど「面倒なこと」をさせましょう。

性器いじりは、小さい男の子なら誰でもやります。でもこの相談にもあるように、お母さんにとっては嫌悪的に感じることも多く、ほかの行動よりもなおさら気になるようですね。

この場合、「オチンチンがかゆいんだったら、お風呂で洗おうね」と、清潔の大切さを教えてあげます。でも問題は、外出先でやったときにどうするかです。

たとえば、レストランで料理がくる前に、子どもが触ってしまったとします。そうしたら、「あ、オチンチン触っちゃったから、手を洗いに行こう」とトイレへ連れていき、手を洗わせます。

テーブルの上には、もちろんおしぼりがあるんですよ。でも、それで拭くのではなく、わざわざトイレへ行き、手をゴシゴシゴシ洗って行動の結果に負荷を伴わせてあげるのです。**つまり、わざと面倒臭くさせるわけです。**お母さんとしても、さっさと食事を食べ始めたいから、ついつい「やめなさい」と叱ってその場しのぎをしたくなるでしょうが、こんな面倒なことを涼しい顔をしてやるのが効き目のある対応です。

「やったらダメ！」と言って、子どもの手をぴしゃっと叩く。いったんやめても、また子どもが触ったら、そのつどぴしゃっとやってやめさせようとする。こういうのが策なしというか、もっとも悪い対応なのです。

「オチンチンを触らない」ということを教えるのではなく、「食事前に触ったら、もう1回手を洗う」ということを、ひたすら教えるのです。

そもそも、小さい子どもが感覚的なことに没頭する場合、遊びのレパートリーが少ないサインだと思ってもらえればよいのです。お母さんの好みで、「DSもダメ」「どろ遊びも服が汚れるからダメ」「ダンスも下の階の人に迷惑をかけるからダメ」みたいにしていくと、自分の身体を触るしかなくなりますね。

私は5歳の男の子が、あまりにも性器いじりが激しいというので、本人に聞いてみました。「なあ、オチンチン触るのと、DSで遊ぶの、どっちがいい？」と、かなり単刀直入です。すると、私の予想通り、当然ですが「DSやる！」と答えてくれました。お母さんが、テレビゲームは1日30分と決めていたようですが、1日2時間ほどさせてあげると、執拗な性器いじりはまったく見られなくなりました。

第二次性徴後の青年期以降は使えない方法ですが、子どもの場合は室内での遊びやアウトドアでどろにまみれて走りまくるような活動的な遊びのレパートリーを、どんどん増やしてあげましょう。

ここで挙げたのは、子どもの気になる行動のほんの一部です。そのほかのどんな行動も、基本の考え方は同じ。**その場その場で望ましい行動を教えていくためには、手間と面倒を惜しまないことです。**

「性格」のせいにして叱るだけになっていませんか？

Q12

気に入らないことがあると、すぐに友達を叩きます

5歳の男の子です。幼稚園で遊んでいるとき、おもちゃの取り合いになったりすると、口で言うのがヘタで、すぐ手が出る性格です。親に対してもすぐ叩いてきます。「言葉で伝えなさい」と言ってもわからないこの性格を直してあげたいのですが。

A

おもちゃを仲良く使うための交渉のやり方を練習しましょう。

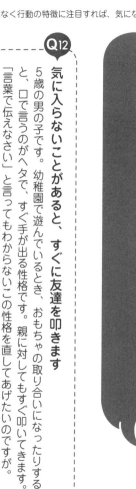

すぐに手が出るのは「性格」のせいではありません

こういう場合に起こりがちなのは、子どもが友達を叩いたのを見て、お母さんが「叩いたらダメでしょ」と子どもを叱る。叱られて子どもが泣く。そこに「どうして叩いたの？　泣いてたってわからないでしょ、理由を言いなさい」と問いただす。その場はぐじゃぐじゃになり、収拾がつかなくなるというパターンです。

こういうとき、多くのお母さんは、子どもに気持ちをしゃべらせようとするものです。**「友達のおもちゃが欲しい」という気持ちが言えなくて叩いているんじゃないか。その気持ちを言葉で言えれば、叩かなくなるんじゃないか。**

そもそも、こういうカン違いが、世の中にはとても多いのです。

おもちゃの取り合いになって手が出てしまう子どもは、適切な行動がどういうものか教えられていないことがほとんどです。教えるとは、言葉で言って聞かせることというイメージしか持てないようでは、子育てはなかなかうまくいきません。

子どものこうした行動を改善するには、友達との接し方、交渉のやり方について、どういう言葉で言えばいいかの**練習を、何回もくり返しやることが有効**です。

おもちゃの取り合いになって手が出たら、まず友達に「ごめんね」と謝らせます。「『ごめんね』でしょ！」と促しても、どうしても謝らないときは、仕方ないのでとりあえずそのままにしておきましょう。いずれ謝ることもできるようになるのですから。その場で謝ることができたかできなかったかにこだわるよりも、もっとよい方法があります。

子どもを公園の端まで30メートルほど引っ張っていき、静かに毅然と「叩いたらダメよ」「『貸して』と言おうね」と伝えます。

遊び場からそんなに遠くまで引っ張っていかれたら、「やだ〜〜！」と泣いて抵抗する可能性大ですが、子どもに抵抗が見られれば、この「その場から引き離す作戦」には効き目があると確信を持てばよいのです。

友達からちょっと離れたところで少し落ち着いた頃合いを見て、みんなのいる場所に戻してみましょう。それでまた友達を叩いたら、お母さんもまた30メートル引きずり戻して、もう一度、静かに毅然と「叩いたらダメよ」「『貸して』と言おうね」とくり返します。ここで、感情的に「何度言ったらわかるの！」などと叱っても無意味です。ひたすら、「友達を叩く」と「友達のいるところから引っぺがされる」の関係を結びつけるようにするのです。

子どもが泣きわめいて収拾がつかなくなったら、静かに毅然と「叩いてしまったから、今日はおうちに帰るよ」と言って、そのまま帰ってしまいましょう。この時点で子どもが「ごめんなさい、ごめんなさい」と謝っても、一度「帰るよ」と言ったのでしたらその通りにしましょう。

この子はその日ではなく、翌日以降に、こういうときに叩かずに「貸して」と言うチャンスがあるということです。**帰りたくないから「ごめんなさい」と言うのは友達に対する言葉ではなく、その場から帰りたくないという要求だからです。**

こういう毅然とした対応をくり返すうちに、「他人を叩く」という行動とそれに伴う結果との結びつきが強くなり、おもちゃの取り合いになっても叩かずに「貸して」と言葉で言える可能性が高くなります。

「いったい誰に似たのかしらねぇ」攻撃していませんか

この相談に対する答えはここで述べたことだけでおしまいです。でも、ひとつ気になる点があります。それは、相談にある「口で言うのがヘタで、すぐ手が出る性格です」という部分です。

お母さんは、すぐ手が出るのがこの子の性格のせいだと考えているのですね。

でも、こんな可能性もあるんですよ。

お母さん自身は気づいていないことが多いのですが、子どもに対して気に入らないことがあると、手を上げてしまっているというケースです。実際、子育て相談をしていると、「うちの子、気に入らないとすぐに人を叩くんです」と相談に見えたお母さんが、待合室で30分前に子どもを叩いて静かにさせようとしていたという場面に出くわすことがあります。

要するに、ムカッとしたら叩くという悪いモデルを親が示し、それを子どもが真似ている。お母さんはしつけのつもりでやっているのだとしても、気に入らないときには相手を叩くのも仕方がないというモデルを示していることにもなっています。子どもの気になる行動は、親のうつし鏡という場合もあるわけです。

お母さんは叩いていなくても、お父さんがやっている場合もあります。日本は特に「厳しいお父さん像」というものが許容されやすい傾向がありますから、親自身もまさか自分の行動が子どもに影響を与えてしまっているとは気づかないのです。もしかしたら、きょうだいが叩いているのかもしれない。

環境側に原因があるとは気づきにくいものなので、**「悪いクセは子どもの性格のせいだから、性格を直してあげなきゃ」と信じてしまう人のいかに多いことか。**

さらにひどい場合は、こんな可能性もあります。

嫁を気に入らない姑《しゅうとめ》が「うちの息子は温厚で、子どもの頃も人に手を出すことなんてなかったわ。いったい誰に似たのかしらねぇ」とイヤミを言うケースです。遺伝のせいにしているのです。そして結局、嫁にイヤミを言いながら子ども（つまりその姑にとっての孫）の性格は（嫁の）遺伝のせいだと決めつけます。

この「いったい誰に似たのかしらねぇ攻撃」に似たものは、ほかにもたくさんあります。

「母親と同じB型だからマイペースなのかしらねぇ」

「ひとりっ子だからわがままに育っちゃったのかもねぇ」

みなさん、一度くらいはこうした言葉を耳にしたことがあるのではないですか？

このように、人のよくないクセの理由が「性格のせい」「遺伝のせい」だという発想はごく当たり前のように世の中に浸透しています。この発想にとらわれていると、子育てはたいてい悪い方向に流れます。

「性格」を「行動の特徴」と置き換えてみましょう

そもそも「性格」って何なのでしょうか。人の性格は変わるのか変わらないのか。これは心理学の分野で、いろいろな研究者が追求してきたテーマのひとつです。

「持って生まれた性格」などという言われ方をしますから、世間一般では「性格は変わらない」というイメージが根強いでしょう。だからこそ、わが子に対して「すぐに手が出る性格なんだ」と落胆したり、「父親に似たのだとすれば、これは大変だ」と焦ったりしてしまうわけです。

でも、「性格」という言葉を使わずに、「行動の特徴」と置き換えたらどうですか。

わが子が友達にすぐ手を出すのは、生まれつきではなく行動の特徴。「行動だったら、変えられる余地がありそう」と、気がラクになりませんか。「そんなに深刻に考えなくてすみそう」と、お感じになるのではないでしょうか。

子どものよくない行動を「性格のせい」「遺伝のせい」と考えると、「もうどうしようもない……」と絶望的になります。しかし、「行動の特徴」と考えることで、とたんに運命論から解放されます。可能性ばかりが広がります。

これは、とても大事なポイントです。

そして、行動は変わるからこそ、変わっていくために練習が必要なのです。

確かに、「性格」と呼ばれるほど特徴的な行動パターンは、いわゆる強い習慣になっているといえるので、変えるのは生やさしいことではありません。しかし、習慣を変えるために日々の行動を変えていくことが可能であるというのは、きっと昨今の禁煙に成功した人や糖尿病を宣告された人の食習慣の変化を見たことがあれば、明らかでしょう。

幼児期からよい習慣を身につけることは、どんなにか大切なことでしょう。

「生まれ持っての性格だから、仕方ないよ」などと諦めるのは子育ての最大の手抜きと言えます。

もしも3人子どもがいれば、「長男はすぐ泣く」「次男はすぐ叩く」「三男は一度機嫌をそこねたらなかなか直らない」というふうに、みんな違います。それを普通親は、「みんなそれぞれ性格が違う」と言うのですが、そうではなく「みんなそれぞれ行動パターンが違う」のです。

行動の特徴だからこそ、「じゃあ、どういう行動が身につけばいいのか」という可能性のある方向に頭を使えるようになります。

「なんでできないの?」「どうしてやらないの?」と問い詰めても、子どもの行動は変わりません

Q13

「なんでやらないの?」と理由を聞いても、ちゃんと答えられません

6歳の女の子です。3歳の弟が自分のおもちゃで遊んでいると、わざと奪って泣かせることがあります。こういうことがわりと頻繁にあるので、「なんで貸してあげないの?」「どうしてそういうことをするの?」と聞くのですが、ちゃんと答えません。子どものこういう態度がとても気になります。

A 「2時45分から3時まで貸してあげてね」と具体案を提示しましょう。

「なんで？」「どうして？」と聞かずに子どもの行動を変えるには

いやいや、私はお母さんのそういう態度のほうが気になります。

お母さんには、お子さんに対して「こうあってほしい」という理想があるわけですね。「そんな願いはありません」というお母さんはまずいないでしょう。「弟にやさしいお姉ちゃんであってほしい」「約束は守れる子であってほしい」といった思いがあるのは当然です。

だから、この質問のように、「こうあってほしい」というお母さんの思いに反することが目の前で起きたとき、「なんで貸してあげないの？」「どうしてそういうことをするの？」と言ってしまうんですね。「このままではこの子のためによくない」「何か理由があってやっているに違いない」とお考えなのでしょう。

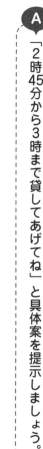

でも、「なんでなの?」「どうして?」というのはお母さんが心の中で思うべきことであって、子どもに直接問いかけることではありません。**なぜなら、こうしたことは子どもの側にしたら答えようがないからです。**

お母さんは、自分の思う通りにならないジレンマを子どもにぶつけているにすぎません。そんな問いを子どもに投げかけても、何の解決にもならないのです。

「なんで、服を脱ぎっぱなしにするの?」

「どうして、お友達と一緒に遊ばないの?」

「なんで、お隣の田中さんに〝こんにちは〟って挨拶できないの?」

「愚の骨頂」という言葉がありますが、私に言わせれば「なんで?」「どうして?」と自分の心の中でつぶやくべきことを口にするのは、〝愚問の骨頂〟と呼べるほど愚かな問いです。ごめんなさいね、愚の骨頂とか言ってしまって。でも、「あぁ、私もしょっちゅう言ってるなぁ」と思い当たる節のある方は少なくないのではないでしょうか。そうやって反省して、関わり方を見直していければ愚の骨頂ではなくなり、子育ての真骨頂を味わえるようになります。

具体的なアイデアが子どもを動かします

結局、「なんで○○なの?」というのは、お母さんが言いたいことを「なんで?」形式で言っているにすぎません。**単なる文句を質問形式で言っているだけなんです。**こんなことを言われ続けたって、3年経っても10年経っても子どもは変わりません。

それどころか、言うたびに親はがっかりしてわが子に対して失望感がつのりますし、子どもは子どもで、親に責められていることだけはわかりますが、自分の気持ちの持って行き場がありません。そうやって悪循環になってしまうのです。

この悪循環を断ち切るには、やってしまったその行動に代わる、具体的な行動を示してあげることです。

たとえば、弟から自分のおもちゃを奪ってしまうお姉ちゃんに、**「2時45分から3時まで、このおもちゃを貸しておいてあげてね」といった行動を提案しましょう。**時計やキッチンタイマーを見せて、「15分くらいならいいでしょう?」と言って、子どもが了解したら「ありがとうね」と伝えます。

忘れ物が多い子なら、持っていく物のリストを一緒に作って、「学校へ行く前に、指差し確認してみたらどう?」という提案ができます。筆箱、教科書、ノート、連絡帳……と、毎日確認することで、自分で忘れ物に気づきやすくなります。

「なんで弟に意地悪するの?」「なんで忘れてばかりなの?」と言わなくてすみます。

では、同じ発想法で、朝なかなか起きられない子がどうやったら1時間早く起きられるようになるかを考えてみましょう。「なんで朝だらしないの?」と言わなくてすむためです。

こういうケースでは、今まさに起きられないその朝の対応だけでなく、前日夜のお風呂に入る時間を早くしたらどうか、夕飯の時間を1時間早くしたらどうかというふうにさかのぼって考えるのがコツです。**「だらしなさ」にアプローチするのではなく、環境にアプローチするのです。**

ただ、お母さんの提案に子どもが乗ってみようかなと思うかどうかは別です。「そんなの無理～」と言うかもしれません。うっかりするとそこでまた、「どうしてお母さんの提案に反対するの?」「なんでできないの?」と言ってしまう落とし穴が待ち構えていますから気をつけてください。

「具体的な方法を示す」って、たとえばどう言えばいいの？

「なんで貸してあげられないの !?」

→「2 時 45 分から 3 時まで、貸してあげてね」

「どうして忘れ物ばっかりするの !?」

→「学校へ行く前に、玄関に貼ったリストで確認してみようか」

「なんで弟に意地悪するの !?」

→「お兄ちゃん、一緒に歯磨きして、やり方を教えてあげてくれないかな」

「なんで服を脱ぎっぱなしにするの !?」

→「お洗濯のかごまで持っていける人、いるかなあ？」
「お母さんみたいに、上手にたためるかなあ？」

「なんでできないの?」と言っても、
子どもは戸惑うだけ。
お母さんのフラストレーションも
溜まるばかりです。

そこで、「じゃあ、どういうことならできそう？　自分で考えてみて」と促してみます。

朝早く起きるために、前日夜のお風呂や夕食の時間を早くしたい。でもネックになっているのは9時台に見たいテレビ番組が集中しているからだとわかったとします。

そうしたら、**「じゃあ、その番組は録画じゃダメなの？」**というふうに、お母さんからもどんどんアイデアを提案して、子どもが行動に移せそうなものを探します。

すぐにそれが実践できなくても、**「じゃあ、あなたの案で3ケ月かけて練習していこうね。お母さんも協力するからね」**と話し合っていければ、具体的に子どもが何をするべきかというレベルの話ができるようになります。そして、お母さん自身も不満の塊になって「なんでできないの？」「どうしてあなたはそうなの？」と、子どもの「性格」攻撃をしなくてすみます。

問題解決思考を教えていきましょう

「なんでできないのだろう？」「どうして○○なのか？」という言葉は、お母さんの心の中でつぶやく分には悪くはないのです。

ただ、そんな自問自答に長くとどまらないことが大切なのです。口に出さなくても、心の中でずっと「なんで？」「どうして？」と考え続けていたら、子どもの行動をいい方向へ導く発想など出てきません。だから、お母さんの頭を問題解決思考に使っていただきたいのです。

お母さんにその姿勢があれば、子どもはお母さんの試行錯誤や工夫をモデルとして見ているわけですから、子どもにもよい影響を与えることでしょう。何かうまくいかないことが起こったとき、**「なんで？」「どうして？」とぼやいたり、不満の塊になって相手を責めたりするのではなく、「じゃあ、どうしたらいいだろう？」と考えていける人になってほしいものです。**

子育ての期間は、「この問題をあなたならどう解決しますか？」という問いに何度も出会える貴重な時間です。言い換えれば、一緒に試行錯誤をくり返しながら、解決の喜びを親子ともに経験できるチャンスでもあるのです。

奥田先生の応用問題　冷蔵庫の中の物を勝手に食べてしまう子には何と言えばいい？

冷蔵庫の中を子どもに触られたくないと考えているお母さんと、別にまあご自由にと考えているお母さんとで回答は異なります。ふだんの三食を、どの程度（腹何分目）満足に食べているのか、子どもによって違えば回答は異なります。だから、これだけの質問は愚問と言うべきでしょう。もう少し、具体的にご質問ください。

とまあ、これでは本として不親切ですね。ひとつだけヒントをあげましょう。それは、**どこで食べるのか教えていますか**、ということです。

ダイニングテーブルに着席すれば、何か食べられると身についている子どもならば、ダイニングでお母さんに何か食べたそうな意思表示をするでしょう。そういうことを意識せず、どこでも食べ物を与えてきた家庭では、そりゃあ冷蔵庫も開けられて当然でしょう。

冷蔵庫の中に保管してある、すぐに食べられる物をサッと渡すときでも、常にダイニングテーブルに着席させて待つように、お母さんがこだわってきた家庭ではそのようなことにはならないのです。魚肉ソーセージひとつをあげるときも、テーブルで座って待たせるようにしたいものです。

「勝手なことをする子ども」という考え方を捨てて、「勝手気ままなことをさせてきた親」というように、大人の関わり方を見直しましょう。

子どもの「すねるクセ」も、親の対応次第で変えられます

Q14

気分屋ですぐにすねる性格を直したい

8歳の女の子です。家族4人で週末にアウトレットに出掛けようと予定していたのですが、数日前に、ちょっとしたきっかけから「私、もういいから。3人で行ってきたらいいじゃない」などと投げやりな言い方をしてすね始めました。でも当日になったら、いそいそと出掛ける準備。「あれ？　行かないんだよね」と言うと、「行くよーーー!!」とキレ気味になり、結局は連れていくことになりました。こんなことが、しょっちゅうあるのです。なんですぐすねるのでしょう。

A

自分の言葉に責任を持たせましょう。つまり、「行かない」と言ったからには置いていきましょう。

「すねれば言うことを聞いてもらえる」をクセにしてはいけません

子どもがすねることってありますね。この相談のように、本当に行きたくないわけじゃないのに、ムッとしている気持ちをわかってほしくて、すねて見せるということがあるわけです。このすねるという行動も、一般的には当たり前のように性格のせいにしがちです。「あの子って、すねるところがあるよね」と、持って生まれたキャラだと決めつけてしまいます。

でも、**すねるというのはパーソナリティやキャラによるものではなく、単なる「すねグセ」。成長過程で身についてしまった「行動のクセ」なんです。**

だから、「なんですねるのか」という原因について、ああじゃないかこうじゃないかと考える必要はありません。性格のせいにすると、もっともらしいが役に立たない循環論になってしまうからです。「すねる性格があるから、すねる」、「すねるのは、すねる性格があるから」というように。

こんな発想では、「あの子はもうどうしようもない」とみなされてしまうので、不幸なことです。大事なのは対応の仕方。**とにかく、子ども自身が言った言葉に責任を持たせる子育てをするしかないのです。**

たとえば、「私もういい。留守番してるから、みんなで行ってきたらいいじゃん」とすねチックに言ったとしましょう。そうしたら、「じゃあ、お留守番しておいてね」と言って本当に留守番させるのです。すねる行動を何とかしたいのであれば、こうした対応につきます。

この質問のように、出掛ける約束の数日前に「私、もういいから。3人で行ってきたらいいじゃない」とすねたとします。そのときオロオロせず、すぐに、「本当に行かないのね」と1回だけ念押しします。それに対して、「ああ、ごめん、やっぱり行く」と即座に謝ったら許してあげます。**即座に謝ったときだけ許すのです。**

「本当に行かないのね」と念押ししても、「ふーんだ、行かないよ!」などとすねたままでかえってふくれたりしているのは、親なんかどうにでもコントロールできてきたからでしょう。

「すねた子には喪失経験をさせよ」です

一番やってはいけないのは、出掛ける当日、まさに今これから行くというときに、「ごめん。やっぱり行く」と謝ってきたのを許すパターンです。そのとき、子どもは泣くかもしれません。子どもに流されるダメな親の場合、子どもがしおらしく泣けば「謝っているのに置いていくなんてかわいそう」と思い、泣きわめけば「置いていったら大変なことになる」と不安になり、結局、連れていってしまう。

こうした対応はアウトです。こういうときこそ、子どものすねグセを直すチャンス。一大決心で「行かないって言ったよね」とだけ言って、本当に置いていかなければいけないのです。そうやって痛い思い（決して体罰をふるうという意味ではなく、自分だけアウトレットに行けなかったという喪失経験）をさせてあげることが大切です。

「すねた子には喪失経験をさせよ」です。

くり返し強調しますが、ここで体罰はまったく不要です。**ただ、子ども自身が言った言葉の通り、機会を失う経験をさせる**という意味です。

では、こういう対応はどうでしょう。出掛ける予定の前日のこと、お母さんは「あの子、本当に行かない気なのかしら」と気がかりでしょうがありません。そこで、「明日、本当に行かないの？」と子どもに前もって確認をする。これがセーフかアウトか、どっちだと思いますか？

これももちろんアウトです。実は、これがお母さんの対応として一番多いパターンだと思います。

「明日、本当に行かないの？」などと聞けば、ますます子どもがすねる態度を見せることもありますし、ますます親の言葉を甘く見るようになるでしょう。

誰に気を遣っているんですか？　そんなことを親から子どもに聞かなくてもいいのです。黙って子どもの様子を見て、「さあ来い、さあ来い、謝りに来い」と心の中で念じて待っていてください。決して、「いつでも謝りにおいで」と声を掛けてはいけません。とうとう、自分から謝りに来なかったら「はい、アウト」と内心で思っていればいいのです。

もしも、ただひたすら黙って待つお母さんのもとに、「こないだね、アウトレット行かないって言ったけどさあ。やっぱり私も行く。言いすぎた。ごめんね」と、子どものほうから謝ってきたら、それは思いっきりセーフです。すねて「行かない」と言ってしまったことを、ずっと気に病んでいたのでしょう。そこは笑顔で「わかった、じゃあ一緒に行こうね」と、言ってあげればいいでしょう。

行動の結果で親からのメッセージを伝えましょう

大切なことは、自分の言動の結果として「行けなかった」という経験をさせてあげることです。

ひとりで留守番をしている間、子どもの頭にはお母さんの「行かないって言ったよね」というシンプルな言葉が残るでしょう。その言葉の重みをひとりでズシンと感じてもらいたいのです。

それが大事なのです。その経験によって、自分が言った言葉が人を傷つけて、この結果を招いたんだ、**自分がすねて「行かないもん」と言ったから、その通りになって**

しまったんだと気づけるチャンスなのです。

こうしたことを経験していくと、「またすねたこと言ったら、うちの家ではマジで置いていかれるんだ」ということがわかってくるのです。

ただ、子育てはそううまくいかないですね。いろいろなことが起こると思います。

たとえば、初めて本当にひとりで留守番をするはめになったアウトレットの1ケ月後、今度は家族で近所の遊園地に行く約束をしていたとします。その5日前、たまたまきょうだいゲンカをして虫の居所が悪く、また「私、遊園地行かないから」とすねたとします。

そのとき、お母さんは、「またそんなこと言うの？」「前のアウトレットのときみたいに行けなくなるよ」などと脅してはダメです。またまたチャンス到来！　と思わなくちゃ。子どもにはちょっと冷たい感じで、「あ、そう。わかった」と言っておけばいいのです。

一度、「行かないって言ったよね」と言われ、本当にその言葉通りに置いていかれる経験をしていると、子どもは「あ、またあれをやられる」と察知する可能性があります。

お母さんの冷たい「あ、そうビーム」に、子どもは「ヤバい」と感じます。それによって、お母さんの促し無しに、「ごめんなさい」「二度と言いません」という反省の態度を引き出すことができるのです。

「すねたって損しない」が大人になっても続いたら……？

すねるというのは、それをやっている本人すら、なんでそうしてしまうかわからないこともあるのです。勢いでつい思ってもいないことを口にしてしまうことって、大人でもあるのではないでしょうか。

でも、自分の言動に対して責任をとらされないでいると、「すねたって損しない」ということを学んでしまうんですね。

そのクセが大人になるまでずっと続くとどうなるでしょう。

たとえば、社会人になってある仕事を任されていたとします。上司が「あれどうなった？」と尋ねると、「まだです」。「期日に間に合うのか？　やる気がないんだったらこっちで引き上げるよ」と言われたときに、「じゃあ、いいっすよ」とすねたとしたらどうでしょう。あるいは、「じゃあ、いいっすよ」とまでは言わないものの、思いっきり不服そうな表情をちらっとでも見せてしまうとどうなるでしょう。

そういう行動は、社会的な場にそぐわないですよね。周囲はあきれますし、本人はさらにやる気をなくします。「どうせこの会社は、俺のことわかってくれないんだ」などと「すねモード全開」になって「俺、会社辞めます」となる可能性が高まります。

せっかく就職できても3年もたない。3年どころか1年もたない。1年どころか1ケ月もたない人が増えているのです。

そうならないための練習だと思って、小さいうちに言動に責任を持つように喪失経験をさせてあげてください。子育て期間中はそういう練習期間なので、スモールステップで少しずつ練習していけばいいのです。

親が腹をくくって一貫した対応を続けていれば、必ず子どもに伝わります。やがて、自分の言葉を覚えていて、ひどいことを言ったらきちんと気に病むようになり、責任をとらなきゃいけないと考えられるようになります。そうなれば、人間としてすごい成長です。

わが子がすねたら、行動を変えるチャンスです。

奥田先生の応用問題　就学前の子どものすねグセはどうする？

4歳、5歳くらいの子でも、すねて気に入らない物を投げ捨てたり「じゃあ行かない！」などとへそを曲げて動かなくなってしまう子がいますね。テコでも動きそうにない子どもをなだめたりすかしたりしてご機嫌をとっているお母さんを見掛けますが、そんなときも、**「すねても得にならない」体験をさせてあげましょう。**

アメとムチというのではダメです。「アメとアメ無し」（1章参照）です。**つまり、叱ってはいけません。**

その代わり、必ずアメを失うという結果を経験させてあげるということです。言葉で脅すことにならないように。自分の行動の結果として楽しみをもらいそびれたという経験が、本当に重要です。

子どもも負けずに、しばらくはもっと強くすねるようになりますが、親は忍耐してそれを乗り越えなければなりません。いずれ子どもは、すねても何の得にもならないので、別のコミュニケーション方法を身につけるしかなく、その状況が親にとってまたとないチャンスとなるのです。当然、**よいコミュニケーション方法が見られたら、チャンスを逃さずめちゃ褒めします。**

3章

子ども主導ではなく
親主導が
「我慢できる子」を育てます

先延ばしにしたがる子に一度で言うことを聞かせるコツ

Q15

食事、着替えのたびに子どもに振り回されます

4歳の娘が一度では言うことを聞きません。「ご飯よー」「今、遊んでるの！」「食べてからやろうね」「始めたばっかりだもん！」「じゃあ、それが終わったらね」「おなか空いてない！」というふうに、着替え、歯磨き、寝るとき、すべてこのくり返しです。うちの子の場合、遊びが楽しくてやめられないというよりも、私を困らせて注意を引こうとしているように思えてなりません。うまく誘導するコツはありますか？

A

「誘導」されているのはお母さんのほうです。まず主導権を取り戻しましょう。

子どもがくり出す技に惑わされないで

4歳くらいの子は、この質問のようにお母さんの言う通りにしないことがあります。これは、ごく自然な発達なのです。

この子は、お母さんのことが大好きなんでしょうね。だから、お母さんと会話を続けたくて、日常のあらゆる場面でお母さんに反抗するような行動をとっているのです。**つまり、子どものほうがお母さんを自分のペースに引き込もうとしているわけです。**

そのたびにお母さんはオロオロしたり、イライラしたり。

「うまく誘導するコツはありますか?」とありますが、誘導されているのは、お母さん、あなたのほうです。まず、そこに気づいてください。

「ご飯よー」というお母さんの呼び掛けに一度で応じると、お母さんとの会話はそれで終わってしまいます。でも、応じなければ、お母さんは何度も声を掛けてくれるでしょう。

わかりますか？　**へそ曲がりなことや期待に反することを言うのは、子どもが人と会話をする中で、会話のターン回数を増やすことができる「注意引きの技」なんです。**

このくらいの年齢の子どもは、お母さんが構ってくれるのが「うれしい」ことです。お母さんの言うことをすんなり聞いてしまうと、お母さんは当然のように次の用事を始めてしまい、「うれしい時間」は終わってしまいます。

これを例の「天秤」で言えば、お母さんの言うことを聞かないで「うれしい時間」を長引かせることのほうが、素直にお母さんの言うことを聞いて食卓につくよりも魅力があるから、「言うことを聞かずに反抗する」ほうに行動が傾いているわけです。

子どもはそれを、これまでの経験から自然に身につけているのです。

「お母さんの言うことを聞かなくちゃ」と思わせるには

そうとわかったら、お母さんはどうすればいいのでしょう。

この質問はつまり、「1回で言うことを聞かせるにはどうしたらいい？」という内容ですよね。

ということは、子どもは今まで反抗すればお母さんが長く相手をしてくれる経験を積んできているわけですから、反抗したら会話のターン数が増えないような経験をさせてあげればいいわけです。

たとえば、会話を1回でシャットアウトするやり方があります。「ご飯よー」というお母さんの呼び掛けに対して、「今、遊んでるの！」と子どもが返したとき、「食べてからやろうね」「まだ終わらないの？」と子どもの誘導に乗って会話のターン数を増やすのではなく、**「お母さんは食べよう、いただきまーす」と言ってそれ以上の声掛けをせず、食べ始めてしまいましょう。**

お母さんがひとりでご飯を食べ始めてしまったのを見て、「あ、なんか嫌だ」と読み取って、慌ててキッチンへ向かうことができる子もいます。ひたすらこうした経験をくり返していくと、そこで反抗しても会話のやりとりが増えるわけでもないので、子どもは別のもっとよい方法でお母さんとの会話を探すようになる可能性が広がります。お母さんが、感情的にその都度その都度、小言を言ったり説明をくり返したりするようでは、望ましい方法での会話が広がる可能性を低くしてしまいます。

たとえ子どもがしぶしぶ食卓へついたとしても、「すぐ来たね！」「えらいね！」と褒め、「ご飯食べたら一緒に遊ぼうね」「今日の寝る前の絵本は何にしようかな、本棚を後で一緒に探してくれる？」などと声を掛けてあげれば、自然とお母さんの近くにいると楽しい会話が増えるという経験をしていくことができます。

コツは「お母さんの言うことを聞いたら、いっぱいお話しをしてあげるから」と言わないこと。これをついつい言ってしまうお母さんは結構いるものです。そんなやり方では、子どもは「別にいいもんね」などと言うようになります。そうすると、「どうして、そんなふうにお母さんの言うことを聞かないの？」「だって、うるさいんだもん！」「どうして……」というふうに、やっぱり気づかないうちに子どもペースに誘導されていってしまうからです。

必要なことを手短に伝え、それに応じたときだけ子どもは得をする（会話が楽しめる）。すぐに応じなかった場合は、子どもは得をしない（会話が楽しめない）。やらなければならないのは、これだけのことです。説明や説得ばかりの子育てでは、絶対にうまくいきません。

子どもが面倒がることも、やり方次第で魅力的なことに変えられます

朝の着替えにやたらと時間がかかる場合も、同じように考えてみてください。本当はもう自分ひとりで着替えられるのに、幼稚園へ行く準備がなかなかできない。「早くしなさいよ」「はーい」「できた？」「まだー」というふうにやっていると、着替えが終わるまでに何分もかかってしまいます。「ああ、もう間に合わないじゃないー！」ということで、お母さんは手伝ってしまうわけですね。

これも、子どもがお母さんに構ってほしくて、本当は自分でできるのにグズグズしている可能性があります。また、「着替えるのが面倒」とか、部屋が寒くて「脱ぐのが嫌」といった理由があるのかもしれません。

こうした場面で子どもに誘導されないようにするには、**早く着替えることで「何かいいことが起こる」という状況を作ってあげるといいでしょう。**

たとえば、「7時45分までに着替えられたら、朝ご飯のリンゴひと切れおまけ」というふうに、ちょっとしたご褒美を提示するのです。

あるいは、「お父さんとどっちが先に着替えて食卓につくか」「AKB48かなんかの曲がかかっている間に着替えられるか」と、ゲーム感覚を取り入れてみるのもアリです。「早く着替えたら、楽しいことがある」という経験をし続ければ、面倒で苦手な着替えにサッと自分から取り組める習慣がついていきます。

それでもグズグズしているときには

ご飯の例で言えば、「お母さんは食べよう、お先にいただきまーす」というお母さんの対応を見ても、「だってまだ遊びが終わってないもん」と言ってさらに気を引きたがる子もいるでしょう。遊び時間やお母さんとの言葉の応酬を長引かせようとしているのかもしれませんね。

「早くしなさい！」と叱る代わりに……。

「さ〜、お母さんは食べようっと!!　いただきま〜す」

「3分で着替えられたら、
りんごをひと切れおまけだよ！」

「お父さんと競争！　どっちが早いかな〜」

「コマーシャルのあいだにできるかな？
よーい、ドン！」

「ご飯食べたら一緒に遊ぼうね！」

「こずえちゃん、来ないから、
大好きなフルーツサラダ、食べちゃおうっと！」

「あれ〜、一緒に“いただきます”できなかったから、
プリンはまた今度にしよう」

「やったら何かいいことが起こる」か
「やらないと特権を失う」という結果で、
子どもの行動は変わります。

そういうときには、**「一緒に〝いただきます〟できなかったら、プリンは無しだよ～」**と、お母さんがさらっと警告するのもひとつのやり方です。

そのプリンは、夕方一緒に買い物に行ったとき、食後のデザートにとせがまれて買ったもの。子どもは、とても楽しみにしているはずです。それが無しにされるとなると、「お母さんの言うことを聞かなくちゃ」となるでしょう。

このとき大事なのは、言い方はやさしくユーモラスにするのですが、「もう1回言ってダメなら、プリンは本当に無し」と、お母さんがしっかりと決意を持って実行することです。

ただ、ここで多くのお母さんが戸惑われるはずです。

「でも、そういうやり方では、脅さないとやらない子になってしまうのでは？」

確かに、脅さないとやらない子になってはダメなんです。しかし、この例のやり方は脅しではありません。「これは脅しでは？」と懸念されるお母さんの場合、子どもにつき合っちゃって、子どもの誘導に乗せられやすい傾向があります。

ふらふらとさまよう
クラゲにならないために

子育て中のお母さんは、日々いろんなことに追われますね。子どもがいつもご機嫌さんならいいのですが、急に機嫌が悪くなったり、妙にベタベタ甘えてきたり、いつもは自分でできることなのにやらずに困らせたりすることもあるでしょう。

でも、お母さんは朝から晩まであれこれ忙しい。ご飯を作って、掃除して、洗濯して、買い物して、仕事をお持ちの方は仕事もする中で、子どもと向き合っていくわけです。余裕というものが、なかなか持てないと思います。

だから、一日を無事終えるという目先のことに追われてしまうのは当然です。そのために自分がわが子に誘導されているなどとは、夢にも思わない。でも、そのことに気づいていないと、いつも子どもの言動によって振り回され続け、ふらふらと揺れるクラゲのようになってしまいます。

お母さんがクラゲ状態だと、子どもは親を誘導し放題になります。この質問のように、日常のあらゆる場面でお母さんを自分の思いのままに誘導し続けていると、わがままに行動することがクセになってしまいます。そして、我慢することを覚えないまま大きくなってしまいます。

子育てにおいて、「言うことを聞いてほしい」「やっちゃダメということはちゃんと守る子になってほしい」「こういう行動は言われなくてもやるようになってほしい」と思うなら、お母さんの側にも「『親業』を学ぶ」という姿勢が必要です。

子どもがその行動をするのはなぜか、子どもの行動だけでなくお母さん自身の対応をできるだけ客観的に観察しましょう。その行動の結果が、子どもにとってどんな「いいこと」をもたらしているかを知ることができれば、子どもの行動を変えていくことができます。ただしそのためには、お母さん自身も今までやっていた行動を変えることが必要なのです。

子どもが、やりたくないことを先延ばしにしたときは「うれしい」結果が伴わないようにし、やるべきことをやった直後にだけ「うれしい」結果がついてくるようにするならば、その行動は習慣になっていくのです。

「やっちゃダメよ」を守れる子にするためには

Q16

何度言い聞かせても電車ではしゃぎます

5歳の男の子です。「やっちゃダメよ」といつも言っているのに、電車の座席でピョンピョン跳ねたりします。先日も、子どもが以前から乗りたがっていた「ホリデー快速ビューやまなし小淵沢行き」で日帰り旅行を計画していました。「電車に乗ったらピョンピョンしないね」と約束していたのに、しばらくするとまた始めてしまいました。どう叱れば子どもは直るのでしょう?

A

子どもが約束を破ったときには、イエローカードではなく、レッドカードを出しましょう。

日常生活の中で「約束を守るトレーニング」を積みましょう

このご家庭を自分のご家庭に置き換えて、一緒に考えてみてください。この日帰り旅行、どうなると思いますか。

子どもは大好きな電車に乗れてテンションが上がり、やっぱり「やっちゃダメよ」と約束していたことを破ってしまいました。注意すると、一瞬、言うことを聞いてやめるのだけど、やがて同じことをくり返します。お母さんはまた注意しますが、しばらくしたらまたピョンピョン。

なんだかんだとそういうことをくり返し、子どもは親に少々怒られたけど、車中を満喫しながら目的地に着く。親のほうは、言うことを聞かせられなくてちょっとがっかりだけど、その都度、注意すれば何とかなると思っている。また次の機会に、「座席でピョンピョンはダメよ」を教えればいいかと、なんとなく自分たちを納得させる……。

こんなふうになると想像した方が、多いのではないでしょうか。これをプランAとしましょう。

こういう対応をされる方は、きっとたくさんおられるでしょう。でも、私が子育て相談に乗っているご家庭では、がんばって次のような対応をされる方が増えつつあります。

電車に乗ったら、子どもが問題の行動を起こしました。電車が新宿を出発してまだ10分少々の三鷹あたりです。そこで、「あ、それをやるんだったら、降りるよ」と警告を発します。それでもまだ1回では言うことを聞かないので、次の停車駅の国分寺までの間に荷物をまとめて、子どもをドアのところまで引っ張って行きます。

そうしたら、子どもはワーッと泣くでしょう。「ごめんなさい～！」「もうしない？」「しない」「本当に？」「うん」といったやりとりがあり、子どもの反省した様子を見て親も納得し、そのまま旅行へ行くというケースです。**サッカーで言えば、イエロー**

カードを出して、はっきりと警告したような状況です。これをプランBとしましょう。

AとBのどちらがいいかと言えば、子どものご機嫌ばかりに気をとられて何もしなかったAよりも、「やったら降りるよ」と警告したうえに、本当にドアのところまで引っ張って行ったBのほうがいいように思いませんか？

でも私は、AもBもおすすめしません。このどちらかでは、子育ての観点から見て不十分なうえにもったいないからです。

私がおすすめしているのは、次のようなやり方です。

大切な約束を破ったときには「レッドカード」を出しましょう

電車が新宿を出発してまだ10分少々の三鷹あたりで「あ、それをやるんだったら、降りるよ」と警告を与え、1回で聞かないようなら、次の停車駅の国分寺までの間に荷物をまとめて、子どもをドアのところまで引っ張って行く。

プランBと違うのはここからです。次の国分寺駅に着いたら、わが子の手をむんずとつかんで、親子3人、電車から降りてしまうのです。子どもが呆気に取られているうちに、10秒もしたら本当にプシューッとドアが閉まり、電車は行ってしまいます。

子どもは、これまで見たことないくらい泣くでしょう。でも、いくら泣いてももう遅いのです。泣きわめくわが子に、「ああ、電車行っちゃったね。でも、約束破ったから今日はもう帰るよ」とだけ言って、新宿へ向かうホームへまわって電車に乗って帰ってしまいます。

大切な約束を守らなかったことのペナルティとして**警告のイエローカードではなく、一発退場のレッドカードを出すということです。**

これが、私がおすすめしたいプランCです。

このプランCを実行するのは、親も本当に大変です。プランCを実行できる親と出会う確率は1％未満にすぎません。わが子が泣くのを見ていられない親すら、たくさんいるわけですから。

日帰り旅行は子どものために行くのですが、親だって楽しみにしていたわけです。お父さんとお母さんが前々から計画してこの日に決め、レストランも予約していました。

朝からみんなで支度して家を出てきたのに、新宿から国分寺までで終わってしまい、無駄足になったのです。時間が無駄になっただけでなく、レストランの予約もキャンセルしなくてはならずお金も無駄になりました。

でも、これが子育てという観点から考えたら、ぜんぜん無駄じゃないんです。

我慢ができる子は、「やってはいけないこと」を知っている子です

親の言葉の重みというポイントで考えてみてください。

Aは軽いですね。子どもに振り回されて、ふらふらしています。

Bは「降りるよ」と警告しているけれど、これも実は軽いんです。子どもはちょっとドキッとしたけど、少しも痛い思いをしていません。

Cは、親の言葉と行動が一致しています。そして、子どもは楽しみにしていたことを自分の行動の結果によって「失う」という貴重でリアルな体験をすることができます。前の章で「すねる子」の例を紹介しましたが、あれと同じで、喪失経験をすることで、やってはいけないこと、我慢すべきことを学べるわけです。

「警告だけで終わらせない」と親が腹をくることで、親自身が子どもに誘導されな

くなります。何より、何のために警告するのかが親の中で明確ですから、「脅さなきゃやらない子にならないか」などとビクビクすることもなくなります。

親が本当に願っていること、こうしたいと思っていることが伝わる対応は、プランCだけなのです。「脅し」というのは、むしろプランBの対応のことでしょう。しかも、脅されても結局、楽しみはなくならないという経験を重ねてしまうので、そのうち脅しは痛くもかゆくもないものになり、親の言葉は虚しく軽いものになります。

警告したにもかかわらず約束を守らなかった場合に、楽しみが撤去されるというリアルな体験をしていけば脅しにはならず、子どもは自分の行動の結果として「痛い思い」を学ぶことができます。そして、親の言葉はしっかりとした重みのあるものになります。

親のほうも、子どもが約束を守る子になってほしいからこそ、レッドカードを出して退場させるのだと考えれば、どんなシチュエーションにおいても迷うことなく対応できます。「あの子の心の傷にならないかしら」「ひどい親と思われないかしら」というセンチメンタリズムにとらわれなくてすみます。

再チャレンジの機会を確保してあげましょう

レッドカードを出した後で、さらに大事なのは、できるだけ早いうちに再チャレンジの機会を保証してあげることです。この質問でいえば、また「ホリデー快速ビューやまなし小淵沢行き」で日帰り旅行を計画するわけです。

あまり間を空けず、数週間から2、3ケ月のうちがいいでしょう。また前回と同じように、「電車の座席でピョンピョンしないよ」と約束します。

「やっぱりまだピョンピョンしちゃうかな？」

「また電車から降りなくてはダメかな？」

「それとも今度はうまくやれるかな？」

と、内心で心配になるかもしれませんが、ここは**「うちの子、この間のことを通してどれくらい学んだかな」とその成果を楽しみにしていればいいと思います。**

言うまでもなく、再チャレンジで約束を守れたら、子どもにとっては「約束を守ったら、今回はとても楽しい一日を過ごせた」という満足感とハッピー感があります。

前回の約束を破って途中で帰宅した経験とは大違いですよね。

楽しかった一日の最後に、今日は約束を守れたことをめちゃくちゃに褒めてあげてください。こうしたリアルな体験（獲得したり、失ったり）を積んでいくことが、親子の育ちのために最良のトレーニングになるのです。言葉で「やっていいこと、いけないこと」を伝えるだけの子育ては、ていねいなように見えても「手抜き子育て」で、虚しいものです。

こういう機会は、親の言葉に重みを持たせ、日常の中で約束を守ることの大切さを子どもに教えるまたとない機会となります。

たとえば、「○○はしないと約束するから、誕生日には◇◇を買って」という場面も利用できます。しないと約束したことをやっぱり子どもがしてしまったとき、すでに誕生日プレゼントを買ってあったとしても、「約束守れなかったからプレゼントは無しね」とだけ言って、捨ててしまうことがあってもよいのです。

「せっかく買ったんだし、もったいない……」などと考えて、こっそりとっておいて「反省させてから渡してあげなきゃ」などと考えないでください。そうしてよい場面もあれば、本当に捨てたほうがよい場面もあるのですから。

買ったばかりのプレゼントを捨てるのは、お金をごみ箱に捨てるのと同じですから、確かにもったいないことです。しかし、そういう機会こそ、子どもが「約束を破るとロクなことがない」ということを学ぶチャンスなのです。

奥田先生の応用問題　食事中に立ち歩くクセを直したいときには

まず、子どもと「ご飯の間はちゃんと座っていようね」と約束しましょう。そして、この子がめちゃくちゃ好きなデザートがあるならば、「約束を破ったらデザートは無しよ」ということも伝えておきます。そのうえで、いつものようにウロウロしてしまったら、「デザート、ママだけのになっちゃうよ～」と警告し、すぐに戻らなかったら、さっさと食卓から子どものデザートを下げてしまいましょう。ご飯は、基本的な権利なので無しにはしません。**デザートは特権なので、状況次第では剥奪してもよいのです。**

このあたりのことは、また後に述べます。

納得できないとすぐキレる子に育てていませんか？

Q17

要求が通らないといつまでも泣き続けます

5歳の男の子です。家族で外食するときなど、父親が「今日は焼肉にしよう」と決めると、「回転寿司がいい〜」とキレたり、しつこく泣き続けたりするので、うんざりします。どうやって納得させればいいのでしょうか。

A

ダダをこねても「ついておいで」と言って強引に連れていきましょう。

いつも「子ども最優先」でいいのでしょうか？

この質問のような状況は、しばしば起こることだと思います。いや、もしかしたら、起こらないのかもしれませんね。起こらないように先回りしていると、そんなことは起こらないということになるでしょう。

「今日、外食にしようか」ということになったとき、そもそも親のほうから「何が食べたい？」と、子どもに自由に選ばせたり、仮に親と子で外食の希望が異なったとき、「じゃあ、タクちゃんの好きなものでいいよ」と親が譲歩したり、「お父さん、あの子が回転寿司って言ってるんだから、そうしてあげてよ」とお母さんから子どもに従うよう提案したり、子どもの希望を最優先というのが当たり前になっている家庭は多いでしょう。

特にお母さんには、「お父さんはふだん、子どもに構ってあげられないんだし、たまの外食なんだから子どもの希望を聞いてあげてよ」という思いもあるでしょう。そう言われるとお父さんも「確かに……」となり、自分の希望を引っ込めがちです。

それに、外食程度のことで子どもを差し置いて親が言い分を通すなんて大人げない、子どもを楽しませてあげることのほうが大事という人もいます。

しかし、こういう場面もまた、子どもに貴重な経験をさせるチャンスなのです。こんなときこそ私はあえて、お父さんの決めたお店に行くことをおすすめします。

外食選びは納得できないことに従わせるいいチャンス

聞いてみると、その子どもは焼肉も好きだということです。外食そのものがイベントなのですから、どっちへ行っても本当は楽しいはずなのです。

「〝すみやき亭〟じゃなくて、回転寿司がいい！」と子どもが文句を言っても、「回転寿司もおいしいけど、〝すみやき亭〟の焼肉もおいしいんだよ。ついておいで」とだけ言って、どれだけ子どもがダダをこねても「お金を払うのは、お父さんなんだから」で押し通せばいいのです。

これは、子どもを親の決定に従わせる練習だと思ってください。ささいなことですが、これが我慢を覚えさせるチャンスになります。そう考えれば、親子で外食の希望が異なったら、超ラッキー。よい経験をさせる機会到来と考えるべきです。

ただ、こういうことを講演会でもお話しすると、必ず「子どもの希望を聞いてあげないのは、子どもの人権を踏みにじることになるのではないですか」「自己決定のチャンスを奪われた子は、自尊心の低い子に育ってしまうんじゃないですか」という質問をする人がいます。

子どもがやりたくないということを無理やりやらせるのは、「子どもの人権」を踏みにじることになるので子どものためによくない、「子どもの自己決定」こそが大事だ、「子どもの自尊心」を傷つけるような子育てをしてはいけないという考えが、世の中に蔓延《まんえん》しています。

選ばせる必要のないことまで、子どもの意見を聞く親もいます

教育関係者、保育関係者など、子どもに関わる仕事をしておられる方の多くが、今言ったようなことを真顔でおっしゃいます。頭でっかちなんですね。

もちろん、子ども自身が納得してやることのほうが、子どもを伸ばすということは

あるでしょう。しかし、子どもがまだ小さいうちは子どもに選ばせてばかりではダメなのです。**我慢することや、従うこと、約束を守ることなど、大人になるまでに経験しておかなければならないことがたくさんあります。**

歯科医から聞いた話です。

ある日、お母さんに連れられて小学校低学年の子が受診に来ました。乳歯が1本グラグラしているのを見て、「じゃ、もうこれ、抜いちゃおうね」と歯科医が言うと、それを聞いたお母さんが、「ちょっと待ってください。本人に抜いていいか、気持ちを確かめてからにしたいです」と真顔で答えたというのです。

その歯科医は呆気に取られながらも気を取り直し、もう一度、「今抜かなかったら、将来、歯並びが悪くなるので、抜いたほうがいいですよ」とお母さんに伝えました。するとお母さんは、「じゃあ、先生からうちの子に説明してもらえますか」と言ったのだそうです。

そのお母さんは、歯並びが悪くならないように乳歯を抜いておいてもらうという場面でさえ、子どもが嫌がったらそれに従うつもりで、わが子の意見を聞こうとしているのです。インフルエンザの予防接種とか、子どもが嫌がったらどうするつもりなんでしょうね。こういう母親の態度は、「子どもにおもねっている」と言うほかありません。

「子どもの権利」を誤解して、わが子をわがままに育てないために

たとえば、次のようなことで相談にみえる方も少なくありません。

あるお母さんの悩みは、自分が学校までついて行かないと、小1の息子が教室に入れないことでした。たまに入れる日もあるのですが、入れない日もあり、子どもはお母さんに「学校までついて来てよ」「一緒にいてよ」と泣きます。そんなわが子を見ていると、かわいそうで心配で放っておけない。どういう方法をとれば母親から離れられるようになるのかという相談でした。

この場合、答えはたったひとつです。「お母さんが子どもから離れること」、これ以外にありません。ひどい回答でしょう。「離れられないのをどうしたらいいのか」という質問に「離れてください」ですからね。

これまで子どもを泣かせないように、怒らせないようにやってきたお母さんには、それができなくなっています。小学校に上がったのだから、もうある程度の時間は離れなくてはいけないのに、離してこなかったから今があるわけです。

いじめなどの具体的で深刻な理由がある場合は別ですが、こんな状況にまでなってしまっているにもかかわらず、まだ「泣くからかわいそう」「ついていてあげないと不憫」というのは、「子どもの自尊心」を高めることになるのでしょうか。ならないでしょう。

でも、「自分の子育ては〝子どもの権利〟をおかしていないかしら」と、どこかビクビクしながら子育てをされている方も少なくないと思います。ひどい場合は、「これって虐待って思われませんか？」と真剣に悩む人もいるくらいです。

個性を重視することの本当の意味

なぜこれほど、「子どもの人権」「子どもの自己決定」という言葉ばかりが重要視され、大人が過敏になってしまったのでしょう。その理由は、ふたつあると私は考えています。

ひとつは、単純に日本が豊かになったことです。まあ、こういうことを言うと「豊かさ信者」のような人は、すぐに「豊かになって何が悪い」「ほかにも原因があるだろう」と反応します。しかし、事実として物質面ではたいていの食べ物もおもちゃも選べるほどに豊かですから、子どもは小さいうちからたくさんの選択肢に囲まれ、自由に好きな物を選んで過ごすことが当たり前になっています。

昔はこたつの上に酸っぱいミカンしかなかったのに、今では各種ジュース、炭酸飲料、お茶、お菓子類、アイスクリームなどなど、明らかに物質的な選択肢の数が違います。テレビのチャンネル数だけ見ても、どうですか？　あるいは、テレビが複数ある家庭では「チャンネル権」という言葉も死語でしょう。

今の日本では身近な物なら何だって当たり前のように選べるわけですから、子どもにも選ぶ権利があって当然という考えが広がったのでしょう。貧しい国の場合、そうはいきませんよね。

もうひとつは、教育面での間違った誘導です。

たとえば、絵画をはじめとする芸術系の教室などに多いのですが、「子どもの個性重視」ということが必ず謳《うた》われます。子どもが描きたいものを、描きたいように自由に描かせてあげるのが、子どもの個性を伸ばすことになる。ひいてはそれがいい教育になるのだ、という考えです。

確かに、芸術などの創造性に関わるものについては、そういう考え方もあるのかもしれません。でも、それと子育てをしていくうえでの親の関わり方は別です。決して、そこをごちゃまぜにしてはいけないのです。

でも、「個性重視」というフレーズはとてもキャッチーで、子育て中の親の心に響くんですね。そこで多くの大人がなんでもかんでも子ども本人に選ばせることが大切だと、子育て全般において過剰に当てはめてしまった。

こうした背景があるように思います。

「選ばせない経験」が必要です

では、「子どもの権利」に惑わされず、子どもに我慢することを教えるにはどうすればいいのでしょう。

冒頭の外食の話を思い出してください。

子どもが「回転寿司がいい！」と希望するところを、あえて「いや、〝すみやき亭〟だ！」で通す。**これは、子どもに選ばせない経験をさせるトレーニングなのです。**選ばせないということは、とても大事な子育てで、それは家族の外食というささいな機会を利用して実践することができます。

このようにして、外食のたびに「回転寿司がいい〜！」「いや、〝すみやき亭〟だ」、「回転寿司がいい〜！」「いや、今日は〝餃子の金将〟だ」というふうにくり返していると、お父さんの希望が優先で、父親の提案をのむということを子どもに教えることができます。

そのうち子どもは「どうせ僕が行きたいお店は選んでくれないし」と、投げやりになってくるでしょう。子どもが諦めかけたそのころあいを見計らって、「今日はタクが決めていいよ」と、試しに提案させてみましょう。

子どもは、「え？　うそ！　僕が決めてもいいの！」とびっくりするでしょう。それまでずっと我慢してきたからこそ、「じゃあ、回転寿司に行きたい」と言って受け入れられたとき、うれしさ百倍です。

意外と、「こないだの〝すみやき亭〟に行きたい！」と言うかもしれません。そうなると、父親のうれしさ百倍ですね。だって、最初の頃は「嫌だ、回転寿司がいい！」とばかり言っていたのですから。こうやって、子どもも成長していくのです。

どこか1点、子どもに従わせる側面を残しておくのがコツです

子どもが何かを選ぶ場面というのは、日常にあまたありますね。たとえば、親子でWiiで遊ぶときです。「僕、ドンキーコングやりたい」「お父さんはマリオカートがいいな」「え〜、ドンキーコングがいい〜」というやりとりになったとします。それは、「じゃあ、ドンキーコングにしよう」と、お父さんが譲ってあげてもいいと思うんです。

すべてのことを、子どもに決めさせてはいけないということではないのです。子どもに決めさせる部分があってもいいのです。でも、どこか1点、ここだけは子どもが従う側面を残しておきましょうということです。それが外食というイベントでもいいし、何かほかのことでもいいと思います。

納得できないことに従わなければならないのは、大人だって本当は嫌です。それで

も、たとえ理不尽な要求でも社会人として受け入れないといけない場合もあるでしょう？　何もかも受け入れられない場合、しょっちゅう職場を変わらないといけなくなります。適度に要求したり、相手の要求をのんだりと、社会では多様なコミュニケーションが求められるのです。

ですから、要求が通らなくて子どもが泣き続けるのを、どうやってやめさせればいいのかを考えるのではなく、**要求が通らないこともあるんだという経験をさせてあげることが、子どもの将来に役立つとお考えください。**

ルールを守れる子にするために大切な親の態度

Q18

ゲーム使用時間の「前借り」をやめさせたい

ゲームは1日1時間と決めているのに、「お願い！　明日の分、10分だけ前借りさせて！」と、時間の前借りをするようになりました。最近ではその時間が10分、20分と増えています。そこで「こないだ10分前貸ししたから、今日はその分引くよ」というふうに対応しているのですが、時間の前借りをやめるわけではないので、借金状態を断ち切れずにいます。どうしたらいいでしょう。小1の男の子です。

A

ルールを破ったらゲーム禁止の日をつくりましょう。

「10万円借りたら、10万円返す」でオッケー?

「ゲームは1日1時間」というルールなのに、子どもが時間を前借りする。そこで親は別の日に、前貸しした分の時間をカットする約束をしている、というわけですね。

一見、申し分ない対応をしているように見えるかもしれませんが、実はこのお母さんは、大きな間違いをおかしていると思います。

そもそも、前借り分を返してもらったら、それでオッケーでしょうか?

子どもがお母さんに前借りした時間を、現実のお金として考えてみてください。

実社会でお金を借りたら、当然、利子がつきますね。ただでお金を貸してくれるところはありませんから、10万円借りたら、10万円返すだけではすみません。その利子を返しもせず、次々と借金を重ねていたら、借金は膨らむばかりです。

子どもが「ゲームは1日1時間」というルールを破って時間の前借りをしたから、その分を別の日にカットして対応するというのは、「10万円借りたら、10万円返すね、それでいいよね?」と言っているのと同じなわけです。ひどければ、「10万円借りたけど、ごめん、8万円しか返せないわ」と踏み倒しもありえます。

そうじゃないですよね?

このような実社会での例を挙げれば、「そりゃあ、そうです」とおわかりになる方でも、この質問のような家庭内での例になると、「このお母さんの対応のどこがまずいのか」がおわかりにならない場合があるのです。

ルール違反には必ずペナルティがあります

時間の借金を実際のお金の借金に置き換えて、もう少し考えてみましょう。

1回に借りる額は少なくても、少しずつくり返した借金が積み重なって、いつの間にかそれが1000万円に膨れ上がっている人がいるとしましょう。その人が家を買うことを考えたとします。

でも、すでに1000万円の借金がある人に、銀行はホイホイとお金を貸してくれません。当たり前のことですね。

では、その人がそんな借金生活にピリオドを打とうと、自己破産を決意したとしましょう。自己破産をすると、確かに借金は免れられるわけですが、一定期間クレジットカードも持てなくなったり、高価な車や不動産を差し押さえられたりするそうですね。

要するに、**一般社会においてお金を借りたら、ちゃんと返さないといけません。**返さなければ雪だるま式に利子がかさんでいきます。度が過ぎると、何かしらの制限が課せられたり、自由が奪われたりするということが必然的に起こるのです。これが、社会のルールです。

この質問のお母さんの場合、子どもに無利子、無担保でお金を貸して、取立てもしないという状態です。踏み倒されそうなのはわかっているのに、「どうしましょう」と手をこまねいて見ているだけ。これではダメです。

「前借り」分だけではなく、1日ゲーム禁止にしましょう

そこで、私なら次のようにします。

「前借りをしたら、ゲームの使用を丸1日禁止」です。

この質問は、パソコンに置き換えても同じです。ゲームやパソコンがすでに常習的になっているなら、いきなり禁止されるとつらいものです。子どもは泣き、怒り、物を投げつけてくるかもしれません。

しかし、それに動じてはダメなのです。いくらキレ気味になって暴れても、「わからないなら、あさってもゲーム禁止」と宣告すればいいのです。

確かに、好きなゲームをやれない日が1日でもあったら、子どもは泣きわめくでしょう。子どもを怒らせることが怖いとか、好きな物を奪うなんてかわいそうとお感じになる方もいるかもしれません。**でも、ここで重要なのは、親が「ゲームは1日1時間」というルールを反故《ほご》にされ続けているということです。**

なのに、「前借りさせて～」「これからはちゃんと守るから」と泣きつかれたり、逆

ギレして暴力を振るわれたり、子どもが感情的になったことに気を取られたりして、「ルールを破った」という最も大事なことを見落としてしまうのでしょうね。

でも、その状況をなんとしても変えて、子どもがルールを尊重するように育てなくてはなりません。そのために「ゲームは丸1日禁止」を実行するのです。

子どもの「基本的権利」と「特権」は別ものです

大人には、子どもの「特権」を奪う権利があります。**「特権」は、「守られるべき子どもの権利」とは別のものです。**

たとえば、この質問の答えとして、「ルールを破ったのだから、その日の夕飯抜き」と決めたとしたらどうでしょう。これは、おおいに問題があります。

お腹が空いたらご飯を食べるというのは、人が生きていくうえでの基本的な権利です。体が汚れたら洗う、ちゃんとお風呂に入るというのも基本的な権利です。これをおかすのは、「虐待」という言葉で非難されても仕方のないことです。

しかし、ゲームをやるとか、パソコンをやるというのは、権利ではなく特別な権利。

つまり、特権なのです。

子どもは生きていくうえでの楽しみや娯楽として、ゲームやパソコンを親から買ってもらったり、お年玉やお小遣いを貯めて手に入れたりするわけです。

それらは、子どもにとってどんなに楽しいものだとしても、なければ健康被害が出るというものではありません。

親は子どもの基本的な権利を守る義務があります。**でも、特権を自由に使わせてあげなければならない義務はありません。**その特権によって子どもの生活が乱れたり、子育ての観点からよくないと思われることが生じたりしたら、状況によって親はこれらを取り上げてしまってもいいのです。

現在、おそらく多くの方が、この特権さえ奪ってはいけないと信じ込んでいるのではないでしょうか。これも、「子どもの権利」をはき違えてしまっているからこそです。

そこに子育ての悩みや迷いが生じる原因があると、ひしひしと感じています。

家のルールと地続きにあるのが、社会のルールなのです

サッカーで警告を示すイエローカードを同じ試合中に2枚もらったら、レッドカードを出されて、即退場です。そうなると、11人対10人の戦いになり、味方にめちゃくちゃ迷惑をかけます。

そして、レッドカードをもらってしまうと、次の試合に出られないというルールがあります。さらに、判定を不服として、プレスルームのインタビューで審判を侮辱するような発言をしたり、明らかにスポーツマンシップに反する言動をとったりした場合、ますます罪が重くなり、その先の数試合は出場できないという事態にもなります。下手をすると、クラブをクビになるかもしれません。

運転免許も同じです。小さな違反では即免許取り消しということにはなりませんが、小さな違反の累積や大きな違反によって免許が取り上げられてしまいます。

つまり社会では、ルールを破ったら償わなければならない罪が累積していきます。これを家庭の中でも経験させておくことが大切なのです。

ゲームの時間を前借りするたびに、丸1日使えない日ができてしまうとなると、楽しみを奪われないためには、子どもはルールを守るほかなくなります。子どもがキレたとしても、ルールはルールですから押し通す姿勢を貫いてください。

そうした親の姿勢が「キレたって、結局、損するのは自分だよ」ということを無言のうちに伝えることにつながります。

家でルールを守る練習をしておかずに、社会のルールを守れる人間にはなれません。常に、「わが子がこのまま社会に出たらどうなるだろう？」ということを頭に入れながら接してほしいと思います。

4章

「自分からやる子」に育てるために大切な「子育てビジョン」

「こんな子に育ってほしい」と具体的に言えますか？

Q19

叱るととっさにウソをつくので心配です

5歳の女の子です。絵本が出しっぱなしのときなどに、「ちゃんとしまいなさい」と注意すると、「しまったもん」と、絶対しまっていないのにウソをつきます。叱られたくないのかもしれませんが、こんなことでは虚言癖になってしまうのではと心配です。

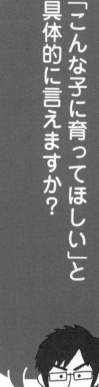

虚言癖を心配する前に、『具体的な子育てビジョン』を描いてみましょう。

ウソをついたことを追い込まない対応が大事です

わが子がウソをついたら、たいていのお母さんはショックを受けますね。

この質問のように、ウソをつくのがクセになるのではと心配されたり、ウソをつかれたとき、どれくらい叱っていいのかわからないと悩まれたりします。

たとえば、3歳の子どもが弟のサンドイッチを食べてしまったのに、「食べてないよ」と言ったとします。「じゃあ、誰が食べたの？」と尋ねると、「クマちゃんが食べた」と自分が座っているイスのイラストのクマちゃんを指差す。口のまわりには、明らかにサンドイッチを食べたあとが残っています。それを見て、お母さんも「かわいいな〜」と思う。怒る気にもならなければ、深刻に悩む方もあまりいらっしゃらないでしょう。

こうしたウソは、子どもの発達過程において起こることで、「ウソをつけるほどに能力が伸びてきたのね」というふうにとらえてもいいでしょう。

しかし、この質問の子どもの場合は、「かわいいな」と思える年齢でなくなってきて、お母さんには「言い逃れ」に見えるでしょう。それは、その通りだと思います。ただ、**子どもが「言い逃れ」の行動に出てしまうのは、お母さんに叱られるのが嫌だからです。**

叱られることをなんとか回避したくて、すぐにバレそうな内容であろうと、ついついウソをついてしまうのです。

だから、親がウソをついたことを厳しく追及すると、逃れようとしてさらなるウソをつくようになります。さらに厳しく証拠をつきつけて迫ると、証拠を隠そうとし、ウソの無限ループにはまってしまいます。

しかも、ウソは、だんだん巧妙になっていきます。たとえ5歳くらいの子でも、そういう部分はもう大人と同じなのです。

このような子どもの行動を直すには、「叱ることを前提とした子育て」をしないことが必要になってきます。

この質問の場合なら、「ちゃんとしまいなさい」と、最初から叱り口調で指摘するのではなくて、**「出しっぱなしになってるよね、一緒に片づけようか」**と声を掛けたり、**「あれ～? 出しっぱなしの絵本、誰のかな～?」**とユーモアを交えながら対応したりします。

すると、子どもは言い逃れをする必要がなくなります。

そして、片づけの行動をちょっとでも始めたら、褒めまくってあげればいいのです。

もちろん、願わくば「素直で」「正直な」子どもになってくれるのが一番です。正直に謝ったら許してもらえるという、絶対的な安心感は必要でしょう。せっかく正直に謝ってきたのに、結果ばかりを見て厳しく叱るという対応を続けていると、「正直に謝ることは損だ」ということになります。そうならないように、気をつけなければなりません。

シビアな問題の片鱗が見えても慌てないために

この質問のように「ウソをつく」とか、「お小遣いの無駄遣いが激しい」「友達をひどい言葉で非難する」といった、子どもの将来がふと心配になってしまうような悩みは、子どもの成長とともに必ず出てきます。

そして、こうしたちょっとシビアな問題の片鱗が見えると、多くの方が「こんなウソをつく子になっちゃって！」とショックを受け、心配になります。**そこでひるまずに対応していくために重要なのが、「どんな子に育てたいか」という「子育てビジョン」をお母さんが具体的にイメージできているかどうかです。**

子育てのビジョンというと、「なんだか大げさな話だな」と思われるかもしれませんが、とても大事なことなので、ここでお話ししたいと思います。

この質問の例で言えば、このお母さんには「片づけができる子」であってほしいという思いが強いのかもしれません。

でも、その「片づけができる子」であってほしいという気持ちの裏側に、「自分をわずらわせない子でいてほしい」「面倒をかけない子でいてほしい」という、**親本位の願いが隠れている場合があるのです。**

目先の『曖昧ビジョン』は子育ての「核」にはなりません

この「自分をわずらわせない子でいてほしい」「面倒をかけない子でいてほしい」というのは、非常に近視眼的で目先ばかりの、親の都合の希望ですね。**子どもの将来まで見据えたビジョンとは言えません。**

こうした希望が子育てビジョンになってしまうと、子どもが部屋を散らかしてしまったとき、お母さんの対応として叱るよりほかなくなります。『目先ビジョン』では、子どもの行動をいい方向へ導くことは難しいのです。

では、「片づけができる子」ではなく、「きちんとした子」という言い方ならどうでしょう。「きちんとした子」というのは、先程の『目先ビジョン』に比べれば、視野が広くて一見よさそうです。でも、まだ〝もや〟がかかっていて抽象的です。「では、『きちんとした子』ってどういう子ですか?」と聞かれたら、お母さんは言葉に詰まってしまうでしょう。こうした『曖昧ビジョン』も、子育てを危うくさせます。「『きちんとした子』とはどういう子なのか」が、具体的になっていないからです。

この質問で言えば、「どうしてきちんと片づけられないの！」とただ叱りつけたり、ウソをつく子をますますウソをつかざるをえない状況に追い詰めたり、「ダメな子ね」と子どもを否定してしまうことにまでつながります。

「子育てビジョン」をできるだけ具体的に描いてみましょう

私が、お母さん方に目指してほしいと考えているのは、「片づけられる子」という『目先ビジョン』でもなく、「きちんとした子」という『曖昧ビジョン』でもなく、**「自分から『片づけておこう』と、中学生までに思える子にする」というような『具体的ビジョン』です。**

このビジョンを胸に抱いていると、「ちゃんとしまいなさいっていつも言ってるでしょう!!」と叱り口調になるのではなく、「今日はできなくても、明日はできるかも」と気長に考えることができたり、「どっちが早いかお母さんと競争しようか～」などとユーモアを持って遊び感覚で対応できたりします。

つまり、子どもの行動をいい方向へ導くだけでなく、お母さんの今までの行動を変

えてくれる助けにもなるのです。

仮にこの例のように、絶対しまっていないのに「しまったもん」とウソをついた場合でも、親が今言ったような対応をとれば、子どものさらなる言い逃れという行動を引き出すことはありません。ウソをつくのがクセにならないようにし、ウソにさらにウソを重ねるとか、巧妙なウソをつくようにならないよう心掛けましょう。

ウソをついてもへっちゃらな大人がいます。罪悪感を微塵も感じていない様子です。人間はウソをつく動物です。ただ、人によって罪悪感をまったく感じない人もいれば、本当のことはなかなか言えないけれども罪悪感を感じて苦しむ人もいます。苦しくて、自分から正直に本当のことを言うのは、大人であろうと少数派です。「悪いことしたかも」「相手を傷つけたかな」という罪悪感や気まずさすら、子育ての課題となります。

「やさしい子になってほしい」は子どもをミスリードするNGビジョン

たとえば、「勉強さえできればいい」という『目先ビジョン』でもなく、「聡明な人間に育ってほしい」という『曖昧ビジョン』でもなく、「わからないことは自分で調べて自主的に勉強を楽しむ」という『具体的ビジョン』で考えるようにしましょう。

また、「やさしい子になってほしい」は、子育てに関するアンケートなどで目にする、「なってほしい子」ナンバーワン回答ですが、「では、それってどういう子のことですか？」と尋ねると、たいていのお母さんがモゴモゴと言いよどんでしまいます。これも「やさしい子」というところで止まってしまわずに、もっと具体的に考えてみてください。

「具体的にって、どんなふうに？」という方は、**「子どもの具体的な行動が誰の目にも浮かぶような表現」で、心に浮かんだイメージを記述してみてください。**

すると、

「困った人を見ると放っておけず、おせっかいなくらい、自分から人に関わろうとする子」

「弟の世話を全部見てあげようとするお兄ちゃん」

「お年寄りに特に親切な子。たとえば席をすすんで譲るなど」

このように、より具体的な行動レベルでイメージできるはずです。これらをさらに具体的にし続ける作業が、子育てや教育では常に必要なのです。

どんな子に育てたいか、具体的に言えますか？

たとえば…

「困っている人を見つけたら手伝おうとする子」

「妹の面倒をよく見るお兄ちゃん」

「お年寄りに必ず席を譲る子」

「友達におもちゃを貸してあげられる子」

「元気に挨拶できる子」

「ありがとうと素直に言える子」

「人の悪口よりも、
いいところを見つける子」

具体的な行動が
目に浮かぶような
ビジョンを
持ちましょう。

子どもの育つその先を見つめるビジョンを持ちましょう

お母さんは、どのシチュエーションであろうと、いつでも適切な対応ができるわけではないものです。それは教師も同じです。適切でない対応をしてしまって、後からちょっと後悔することもあるでしょう。

しかし、**この『具体的ビジョン』があれば、お母さんが子育てで迷ったときや悩んだとき、立ち戻る場所になります。**間違いながらでも、子育てをいい方向へ導いてくれる道標になるのです。

そして、お母さんが掲げている『具体的ビジョン』は、知らず知らずのうちに子どもにも伝わります。

ですから、親が「勉強さえできればいい」と願っていると知ったら、「僕の気持ちより、成績のほうが大事なんだ」と、子どもは悲しい思いをします。それでは、明るく気持ちのよい人間関係を育てる子育ては難しいでしょう。

「わからないことは自分で調べて自主的に勉強することを楽しむ」というビジョンな

ら、テレビを見ていて知らない地名が出てきたら、一緒に地図や図鑑を開いて調べることが家庭での習慣になるでしょう。こういう『具体的ビジョン』があれば、お母さんも自然と必要な手助けをしたり、子どもの自主的な調べを褒めてあげたりすることができるのです。「えーとね、軽井沢町は長野県にあるんだよ」と教えてくれたら、「見せて！　あー、ほんとだ、よく調べたねえ」などと会話ができます。「駅もあるの？」と聞いてみたら、子どもが「新幹線の駅もあるんだって」「へー、今度、行ってみようか」「うん」などと会話もはずみます。

そういう空気を作ることに専念する必要があります。**親がいつも「勉強しなさい」とばかり言うのではなく、調べることや見つけることそれ自体が楽しくなるようにすれば、「やりなさい」と言う必要がなくなるのです。なぜなら、楽しいことは言われなくてもやるからです。**

親の「子育てビジョン」が叱るためのものになっていませんか？　あるいは「お母さんをわずらわせないで」という大人本位のものになっていませんか？　**「子育てビジョン」は、子どもの「好き」「興味あり」を活かして、褒めるときのポイントがよりクリアになるように見直してみてください。**

子どものやる気を引き出す ちょっとした仕掛け

Q20

もう少し真剣にサッカーに取り組んでほしい

8歳の男の子です。サッカーをやり始めて3年になります。先日、「もっと真剣に練習すれば今よりうまくなるよ」と言ったら、「俺、別にうまくならなくていいから」と言われショックでした。でも続ける気はあるようなので、せめてもうちょっと積極的に取り組んでほしいと思い、つい、「今度の試合でゴールを決めたらガンダムのプラモデルを買ってあげる」と約束してしまいました。物で釣るのはよくないのでしょうか?

A

「子どもが今ちょうど欲しい物」を見極められていれば、それでやる気を引き出してもいいんです。

子どもが今一番好きな物を知っていますか？

子どもが好きな物、興味を示す物を使って、子どもの行動をうまく導いたり、やる気を引き出したりするのは、アリです。

教育学者や評論家の中には、「それでは一過性で終わり、子どもの本当のやる気を引き出すことにはならない」と言う方がいますが、そんなことはありません。

以前、こんなお母さんがいました。下のお子さんが生まれたとき、小学校に入ったばかりだったお姉ちゃんは、学童保育へ行きたがらなくなりました。特にお母さんが育児休暇中で家にいる夏休みは、行くのを泣いて嫌がったといいます。「お母さんは家にいるのに、なんで一緒にいられないの？」という気持ちだったのでしょう。

毎朝、なんとかなだめて行かせようとするのですが、生まれたばかりの下の子の育児でお母さんにも余裕がありません。イライラするやら、追い詰められるやらで、お姉ちゃんと一緒に泣いてしまったこともあるそうです。

そこである日、お母さんは考えました。お姉ちゃんは小さい消しゴムやシールが大好きで集めていたので、それらを大量に買い込んできたのです。そしてそれをひとつひとつ、かわいい袋に入れて番号をつけました。そう、これは「くじ」の景品です。小さな紙に1、2、3、4……と数字を書いて三角にたたんで三角くじを作って箱に入れ、「学童へ行って帰ってきたら1日1個くじを引かせてあげる」ということにしたのです。

このくじを始めて、上のお子さんは学童保育へ行くのを嫌がらなくなったといいます。むしろ、学童へ行ったら行ったで楽しいわけですから、毎日元気に帰ってくるようになりました。

私はこの話を聞いて、「お母さん、100点ですよ」と言いました。

ポイントは、「子どもが今、何が一番好きか?」ということを、お母さんが見極めていたことです。お母さんが大量にまとめ買いをした消しゴムやシールは、1個50円とか12枚600円かそこらの他愛のない物です。でも、子どもにとってはとても魅力的な物なのです。これは、子どものことをよく見ていないと、わからないものです。

お姉ちゃんは、くじで消しゴムやシールをもらえたこともうれしかったけど、お母さんが自分を構ってくれたのがもっとうれしかったのでしょう。下の子の世話ばかりで、自分に関心が向けられていないように感じていたのかもしれません。

たとえ短い時間でも、学童へ行って帰ってくればお母さんがお話ししてくれて、自分に注目してくれる。そういう喜びがあるから、おのずと行動が変わっていったわけです。

どうせ「物で釣る」なら100点のやり方で

一方で、こんなお母さんもいました。

そのお母さんは、不登校から引きこもりになった9歳の娘を親子で参加する2泊3日の山村キャンプへ連れて行きたいと計画していました。でも、娘は「そんなの行かない！」の一点張り。最後にはとうとう怒り出してしまいました。

その子の場合、怒ると行動のコントロールがきかなくて暴発してしまうことが増えていました。お母さんは「このままではいけない」と思うからこそ、キャンプへ誘ったのです。

このときも、怒って声を荒げた娘を見て、「じゃあ行ったら、あなたが欲しがっていたアニメのＤＶＤボックスを買ってあげる」と約束してしまったのだそうです。「キャンプなんか行かない！」と子どもが怒りまくったときに、「買ってあげるから」と言ってしまっては、「物で釣る」というよりもワイロを差し出したようなものです。このお母さんは、これまでこうした条件提示をしてきました。

残念ながら、これではマイナス１００点です。先程の、消しゴムやシールを小出しにあげたお母さんと似て非なるものです。

最初のお母さんは、子どもがキレたからなだめようとして消しゴムをあげたのではありません。なんとか、一時的でもよいから元気に気持ちよく学童保育に行ってきてほしい。そう思って、学童から帰ってきたら、くじを引かせてみたわけです。子どもは「なんだろう？」と思って三角くじを引いて、番号をお母さんに見せたら、お母さんはその番号に対応した消しゴムかシールをあげたのでしょう。

でも、引きこもりの子のお母さんは、同じようでまったく違います。子どもがキレ気味に暴言を吐いて「行かない！」と激しく怒ったので、「じゃあ、ＤＶＤボックスどう？」と提案してしまいました。**こうすると、子どもはキレれば何かよい条件を引き出せることを学習してしまいます。**現に、この子どもは嫌なことがあるとすぐに文句、暴言、場合によっては暴力が出てくるようになりました。子ども主導にしてきたから、そうなってしまうのです。

どうせ「物で釣る（嫌な言葉でしょうが、エサで釣る）」のなら、こんなふうにすればよかったのです。

まずは、暴言を吐いたときには話し合いをやめておくこと。ベストなのは、どうせ拒否されるだろうと予測できたでしょうから、山村キャンプに行こうよと誘う前に、次のような会話をしておく方法です。

「お母さんさ、前からあなたが欲しがっていたアニメのＤＶＤボックスをそろそろ買ってもいいかなって思ってるんだけど」と、先にエサをチラつかせておくのです。そうすると、子どもは「えっ、なんで？」と、ちょっとうれしい気持ちになるでしょう。その後で、「怒らず聞いてね。あれを買ってあげたいと思ってるんだけど、あと、もうひとつお母さんが思っているのは、夏休みに2泊3日で一緒に山村キャンプに行きたい、ということなの」と誘ってみるのです。

そこで、子どもが「ええー?」「そんなの行かないよ!」と嫌がる反応を示したら、そこで「じゃあ、もうＤＶＤボックスは買えないな、残念だけど」と取っ払ってしまうことができます。

そうあっさりエサを取っ払われてしまうと、子どもは内心迷います。「山村キャンプなんて嫌。でも、2泊3日だけ我慢すればあのＤＶＤボックス買ってもらえるなら、行ってみようかな……」

そう思わせればいいわけです。ＤＶＤボックスめあてでしぶしぶ行ったとしても、まずは「行けた」ということでいいのです。「案外、楽しいこともあったな」と子どもは感じるかもしれません。それならば、もうけものでしょう。

するとと、冬にまた「今度は1週間の山村キャンプ行かない?」と誘ったときに、「行ってもいいけど……」と態度が軟化してくる可能性があります。ＤＶＤボックスは長年変わらなかった子どもの行動を変えるための役割をちゃんと果たしていますし、使い方をこのように絶妙なものにすればキレる行動が減っていきます。キレたら、子ども自身が得をしないわけですからね。

要するに、やっぱり子ども主導ではなくて、親主導の子育てが成功の秘訣だということです。「親主導」「大人主導」という言葉に嫌悪感を持つ保育・教育関係者は少なくありません。でも、よくよく考えてみると、現時点での子どもの動機づけをうまく利用するわけですから、子どもの動機づけをかなり尊重した発想法が求められているわけです。

子どもの内なる「やる気」に火をつけましょう

この質問の場合も、子どもが欲しがっている物があるのですから、それをうまく利用すればいいと思います。

小さな消しゴムやシールも、アニメのDVDボックスも、ガンダムのプラモデルも、いわゆる「物で釣る」というものですよね。少し専門的な言い方をすると、これらは『外発的動機づけ』と呼ばれます。**何かを始める初期の段階では、外発的な動機づけをおおいに利用していいのです。**

ただ、188ページの質問のお母さんの場合は、ゴールを決めさせるのが目的ではなく、サッカーに対するポテンシャルを高めるために何かできないかと、悩んでおられるわけですね。

確かに「うちの子、なんか無気力で」という悩みをお持ちの方は少なくありません。このお母さんも、息子さんに「別にうまくならなくていいから」と言われたのがショックだったようです。サッカーでこの調子だと、今後すべてのことにやる気を持てない子になってしまうのではと心配されているのでしょう。

ただ、「無気力な子なのかしら」「やる気が薄いままだったらどうしよう」という観点で悩んでいても、何も解決しません。

だからまずは、外発的動機づけをうまく利用することです。しかも、1章でも述べましたが、新しいことを始めるのにムチは使いません。叱られないためにやるというのでは、先が見えています。

「物で釣る」のですから、釣るのにベストなタイミングやエサの量を見極めるため、お母さんは子どもの行動をよく見るようになると思います。

子どもは、そのように親が自分のことをちゃんと見ていてくれていることを敏感に感じ取りますから、お母さんの関わりそのものが子どものポテンシャルを高めることにつながります。

最初は物に釣られていても、だんだん本来の活動自体が楽しくなるという事実

ただ8歳という年齢であれば、そろそろサッカーそのものに楽しみや喜びを自分で見出してもいい頃ですね。

先日、まさに同じような悩みを持つお母さんに出くわしました。ちょうど放課後のグラウンドが開放されていたので、ちょっと行動コーチングをやってあげましょうということになりました。お母さんが「性格の問題かな、ちょっと引っ込み思案で」と言うので、どういう部分を引っ込み思案と思っているのかを行動のレベルで詳しく聞いてみました。

すると、ペナルティーエリア内に入ってシュートを打てばよいのに、シュートは打たずにパスをしてしまうということがわかりました。お母さんやコーチは、「外してもいいから打ちなさい！」と叱咤するのですが、まわりで見ている大人がやきもきす

るばかりで状況は変わらないとのことでした。

そこで私は、ペナルティーエリアの内側だけを使ったシュート練習をやってみました。ゴールマウスの直前あたりにいろいろなやり方でボールを転がし、子どもが最後のシュートを決めるというのを、くり返しくり返し、やりました。ほとんど、いわゆる「ごっつぁんゴール」です。たまに空振りすることはありましたが、足にさえ当てればほとんどゴールを決められます。

ゴールに向かってひたすらシュートを決める練習をして、とにかくボールがゴールに突き刺さる快感を体に覚えさせるようにしたのです。もちろん、褒めに褒めまくりました。たまに外しても何も言わず、どんどんボールを転がして次を決めさせて褒めました。お母さんもそのシーンを見ていて気づいたようですが、この子はこれまで見たことがないくらい楽しそうにこの練習に取り組んでいたというのです。お母さんは欲張ってペナルティーエリアの外から中に入るところからの練習もしたそうでしたが、その日はゴールマウス直前だけで気持ちよく終わることにしました。

こうすることで、「今度は試合でシュートが決められるようになりたい」「得意なドリブルももっと練習して、ペナルティーエリアまで持ち込めるようになりたい」というやる気が高まるのです。

プラモデルを買ってもらえるためとか褒められるためとかではなく、サッカーそのものの楽しさをまた味わいたいためにサッカーに取り組むことを、『内発的動機づけ』と言います。**子育ての最終目的はもちろん、この内発的動機づけを高め、言われたからやる子、物が欲しいからやる子ではなく、「自分からやる子」に育てることです。**

ある有名なバイオリニストは、子どもの頃、親のすすめでバイオリンを始めました。最初のうちは、親が褒めてくれるのがうれしくて、練習をがんばったといいます。やがて小学生になると、同じバイオリン教室の女の子に注目されたいという気持ちが芽生え、そして、中学生、高校生になると、とにかくバイオリンでモテたいと思うようになり、練習に励んだといいます。

つまり、バイオリンを始めた頃は、バイオリン以外の物でやる気が触発された可能性があったわけですが、そのうち演奏することそのものが喜びになっていきます。自分自身の演奏に「気持ちいい」と思えるようになるには、ある程度の時間は必要でしょう？ 始めた頃は、先生のように綺麗に音を出せない。**だから、外発的な支えが**

必要なのです。

気がつくと、「ここ、もうちょっとうまくしたいな」というふうに試行錯誤するようになり、自然と練習時間が増えていったのだそうです。試行錯誤すると、「うおぉ、気持ちいい！」「今のはええ感じやったんちゃうん？」と自画自賛できることも増えてくるでしょうから、お母さんに「やりなさい！」と言われる必要がなくなることは想像できるでしょう?

発表会やコンクールで拍手喝采を浴びるのも気持ちいいでしょうが、もっと自分の音楽の世界、表現の技術を追求しようという気持ちにもなるでしょう。その積み重ねの結果として、プロのバイオリニストとしての道が開かれたのです。

本当に夢中になれることを自分で見つけるために

これと同じことは、イチロー選手のような一流のスポーツ選手にも起こったはずです。イチロー選手も最初はお父さんに褒められることが励みだったはずです。でも、どこか早い段階で人に褒めてもらうことや、ご褒美に何かをもらうといった外発的な動機づけよりも、ボールを前に飛ばす感覚の気持ちよさという内発的な動機づけが高まっていったのだと思います。

子どもを導くために、外発的な動機づけを利用してもいいのですが、その活動自体に子どもが気持ちよさを味わっているかどうかを考えてみてください。親がやらせたいだけになっていると、外発的な動機づけで留まってしまうでしょう。

内発的な動機づけに価値があるのだから「物は使いません」という大人の考え方は間違いです。そういう考えだと、すぐに「やって当たり前」「勉強すること自体で知識の発見を体験できるはず」という思考に陥ります。

「物」は使ってもいいのです。ただ、その使い方に気をつけたいものです。

奥田先生の応用問題

ご褒美をあげても、「少ない」「もっとちょうだい」と文句を言います

欲しい物の程度の見極めと工夫が必要でしょう。たとえば、先程のアニメのＤＶＤボックスは、ＤＶＤボックスというとひとつの商品ですが、考えてみるとこれは5巻セットだったりしますよね。これを6つに分けることができます。1〜5巻までと、その5巻をしまう箱です。子どもが「DVDボックス、欲しい」と言っていて、お母さんが「わかった、了解」と言いました。その後、約束を守ったのでご褒美をあげることにしました。お母さんがここでDVDボックスの中から1巻だけ渡したとします。すると、子どもは「え、全部じゃないの？　ケチッ！」と暴言を吐いたとしましょう。そしたら、お母さんは「じゃあ、お母さんはケチだからこれもあげない」と言って1巻も渡すのをやめればよいのです。

その瞬間、もしこのDVDボックスが本当に欲しくてたまらない物なのであれば、「ケチじゃない、ケチじゃない、ごめんなさい」と言うかもしれません。そう言わなければ、DVDボックスは別にそれほど欲しかった物でもなかったのでしょう。

つまりは、このように子どもの言いなりになるのではなく、ご褒美の渡し方ひとつをとってみても、最初から最後まで親主導で行くべきです。**「全部よこせ！」に従う必要はありません。**

厳しいようですが、これが子どもにとっても「またがんばって、早く2巻目をゲットしよう」という気持ちにつながるので、子どもの育ちには適切な関わり方なのです。

子どものピンチに一緒に向き合うために大切なこと

Q21

突然、「学校へ行きたくない」と言い出しました

9歳の男の子です。ある日、朝グズグズと布団から出てこず、「今日は学校に行きたくない」と言い出しました。「お腹が痛い」とか「吐きそう」などと言うので、つい心配で休ませましたが、それ以来、不登校気味で、家で過ごすことが多くなっています。突然のことにオロオロするばかりで、どうすればいいのかわかりません。

A

お母さんにもできる「学校へ行きたがらない理由」の分析方法をお教えしましょう。

親が想像もしていなかったことを子どもが言い出したとき

「学校に行くのヤダ」とぐずることが続いたり、学校へ行くのが楽しそうでなかったり。そういうわが子の様子に気づいて、お母さんが心配されて相談に見えるケースがよくあります。もちろん、この質問のように「登校しぶり」から本物の不登校になってしまって、慌てて相談に見えることもあります。慌てて相談に来るのなら、まだよいほうでしょう。すでに不登校が長期化し、ひきこもりになってから相談に来るケースも少なくありません。

登校しぶりが始まった頃に、児童精神科や心療内科、心理カウンセラー等に相談に行くと、「休みたがるなら休ませたほうがいいのかもしれないですね」「今は充電が必要なのでしょう」というアドバイスを受けることが少なくないようです。

でも、子どもは充電不足の携帯電話じゃないのです。学校を休んでいればそのうち自然に元気を取り戻し、学校へ行く気になるという根拠は、どこにもありません。携帯電話なら、充電時間が書いてあります。その通りに充電すれば、説明書に書かれている通りの時間は使用可能になります。医師やカウンセラーの安易な慰めに安心していると、取り返しのつかないことになります。

さて、親として想像もしていなかったことを子どもが言い出したとき、親はどういう態度をとればいいのか。ここではこの質問を例に、まず具体的な考え方と対応についてお話しします。

基本的な考え方として、子どもが「学校へ行きたくない」と言い出したときには、何か理由があると思ってください。

ただ、理由といってもいろいろです。すぐに「学校でいじめられているんじゃ……」と親が不安がるのも問題ですし、その逆に「さぼりたいだけでしょう」と決めつけて、子どもの本当の訴えがどこにあるのか知ろうとしないのも問題です。そうではなく、**なぜ子どもが「行きたくない」と言うのか、その理由をじっくりと冷静に探る必要があります。**

具体的にはどうすればいいのでしょう?

それは、学校を休んだ子どもが家でどのように過ごしているかを、よく見ていただ

くことから始まります。

子どもが「学校へ行きたくない」と訴える場合、3つのポイントで分析し対処する方法があります。

ひとつひとつ説明していきましょう。

子どもの言葉よりも家での行動に注目しましょう

1つ目は、**家で過ごすことで何か特別な『物や活動』を多く得ているかどうか**、というポイントです。

学校を休ませた日は一日中、テレビばかり見ている。きょうだいがいる場合、ふだんはシェアしなければ使えないプレステを独占できるので、やりたい放題やっている。こういう場合、子どもにとって家（または自分の部屋）がアミューズメントパーク状態になっています。それが、学校に行かずに家で過ごす動機になっているのがこの1つ目のケースです。

もしかしたら、以前たまたま本当に風邪で休んだとき、2日目に具合がよくなってきたのでお母さんもパートに出掛け、誰にも文句を言われずにプレステでじっくり遊べたという経験に、言葉は悪いですが「味をしめてしまった」のかもしれません。

プロローグで説明した「天秤の法則」で言えば、学校よりも家のほうに「楽しいこと」がたくさんあって、傾いてしまっている状態です。

でも、「プレステやりたいから学校休む」と言っても、もちろん「そうなの、わかった」などと認めてもらえるはずがありません。そこで子どもは、「先生が怖い」とか「お腹が痛い」とか訴え、ちょっとした理由を口実にして休もうとするわけです。

この場合大事なのは、子どもが「休みたい」と言ったときに口にした理由そのものよりも、休ませたときに子どもが家でどう過ごしているかをよく見ることです。**子どもが訴えている言葉ばかりに惑わされないことが大切なのです。**つまり、「先生が怖い」と子どもが訴えたら、お母さんが逆上して「どういうこと⁉　すぐに校長に担任を変えてもらいに行ってくるから！」と感情的にならないでほしいのです。終始冷静に「何があったの？」と聞いてみて、本当に休ませるのであれば家での過ごし方に細心の注意を払ってしっかり行動を観察しましょう。

2つ目は、**家で過ごすことで『注目』を多く得ているかどうか**、というポイントです。「注目されたい」というのは、人から心配してもらいたい、気に掛けてもらいたいということです。それは、単に人に褒められたい、認められたいということに限りません。たとえ、叱られたりイヤミを言われたりすることであっても、それを得ようとする人がいるという事実を知っていただきたいのです。

普通に登校する日の朝なら、「行ってきます」「行ってらっしゃい」で、お母さんとの会話のキャッチボールは1往復で終わりです。でも、「学校へ行きたくない」と言うと、「なんで?」とお母さんが聞いてくれます。「なんで?」「だって、先生が怖いもん」「何言ってるのよ、行きなさい!」「嫌だ!」「なんで行かないの!?」「だって嫌なんだもん!」。お母さんは心配口調や叱り口調になるかもしれませんが、それでも3、4往復も会話のターンが増えることになるでしょう?

134ページでも触れましたが、**この会話そのものが、子どもにとって「いいこと」なのです。**たとえ、子どもがお母さんに叱られたことに対して泣いていても、こうした困った行動が維持されているのであれば、お母さんの叱り言葉すら子ども本人にとって「好ましい結果」になっているのです。

この2つ目の『注目』の場合、たとえばお母さんが専業主婦で家にいるとしましょう。すると、ずっとお母さんの近くにいてリビングで話し掛けたり、お母さんがお昼前に「ちょっとお買い物に行ってくるわ」と出掛けようとすると、**朝は「お腹が痛い」と言っていたくせに、「僕も行っていい？」と一緒に行動したがったりすることが典型的な例としてあります。**

お母さんも、心理カウンセラーに「不登校になるのは心の中にいろいろあるから。しっかりつき合ってあげてください。受容とスキンシップが大事です」と言われたことを思い出し、何か違和感を感じつつも「じゃあ、ついておいで」なんて言って、子どもの言いなりになってしまいます。平日に、スーパーで仲良く親子が買い物したりファミリーレストランで食事している姿を見ると、私などは「芸能人の子役か、はたまた創立記念日か？」とイヤミっぽくつぶやくのですが、それが毎日だから「そんなわけ、ないやろう」と。つまり、「不登校やね」というわけです。

きょうだいがいる家庭だと、学校を休むことでお母さんを一人占めできるわけですから、「休んだほうがお母さんとゆっくり過ごせる」となるわけです。カウンセラーの言うように『注目』されたい子どもをお母さんがいつも受容していると、気がつくと「きょうだい全員、不登校」という結果を招くことも少なくありません。

この場合も1つ目の『物や活動』と同じで、子どもが休みたい理由を何と言ったかはあまり重要ではありません。それなのに「子どもの言った言葉はやっぱり重要だ」というカウンセラーは、子どもの言葉に振り回されるばかりで、動機の読み取りがへタすぎるのです。とにかく、休ませたときの家での過ごし方をよく観察することで、休みたがる本当の理由を推定することができます。

子どもが避けたがっているのは何？　と考えてみてください

3つ目は、**嫌なものから逃げる、嫌なものを避けるという『逃避や回避』につながっているかどうか**、というポイントです。

この場合、子どもを無理やり学校へ連れて行こうとしても、玄関で立ちすくんでしまったり、学校が近づくにつれふるえたりおびえたりします。学校までなんとかたどり着けても、校門から中へ入れないということもあります。もしかすると本当にいじめがあるのかもしれません。あるいは、どうしても出席できないほどのプレッシャーのかかっている発表があるのかもしれません。**ここでも、子どもの行動を冷静に観察するべきです。**

もちろん、中には学校に行くのを怖がることを演技でしていた子どももいました。つまり『物や活動』や『注目』が動機なのに、おびえたり、ふるえたりする子もいます。その様子だけで見抜くのは難しいかもしれませんが、この『逃避や回避』の動機の場合は、実際に休ませてみるとはっきりわかります。

「わかった。じゃあ、今日は休んでもいいけどね。でもね、テレビやゲーム、漫画とか学校でできないことはダメよ。そして部屋で自習しなさいね。それだったら休ませてあげる」と言ってみましょう。

その結果、ホッとした様子で家での過ごし方は従順だったとしましょう。**「お母さんとひっつくのも3時まではダメ。自分の部屋にいなさい。ドアは開けっ放しでね」**と言っても、素直に従えるかどうか。どうでしょう。これくらいのことを言ってみても、素直に従う場合、本当に『逃避や回避』の動機である可能性が高まります。

その場合は、子どもが「先生が怖い」とか「友達にいじめられた」と訴えているならば、それが本当である可能性は高いのです。すぐに、放課後の時間に学校側と話し合いに行ってください。なるべく冷静に。たとえ、子どもに「お母さん、お父さんは学校に行かなくていい」と言われても、必ずその日の放課後に子どもを連れて学校へ話し合いに行きましょう。

子どもに「親が学校に出て行ったら、もっとひどいいじめに遭うから」と言われても、ひるんではいけません。子どもは「いじめは断ち切れない」と思っている場合が多いから、そんなことを言うのです。そんな陰湿ないじめがあるのであれば、余計に傍観していてはいけないのです。**親が出て行ったことで、さらなるいじめが起こるのであれば、そのいじめすら完全に断ち切らなければならないのです。**

一大事のときこそ「子ども最優先」です

ここまでの3つの動機は、それぞれが複合的にからみ合う場合も多々あります。単に家でゲームがしたいだけ、単にお母さんに注目してほしいだけというふうに、学校へ行かない理由を単純に決めつけることはできません。

子どもが学校や幼稚園に
「行きたくない」と
言い出したときには、
必ず理由があります。

家がアミューズメントパーク
状態になっている

具合悪いって言ってたのに大丈夫？
うん よくなってきた

お母さんに注目されたい

またいじめられるし…

嫌なことを避けたい

学校(幼稚園)を休んだ子どもが、
どんなふうに過ごしているか、
よく見てください。

それに、学校でいじめに遭っているわけではないけれど、実際、クラスメイトとちょっとした言い合いがあって、それが嫌だったのは事実かもしれません。

子どもの発した理由を鵜呑みにして、行動観察もせずに感情的になってしまうと、本当の理由は見抜けません。**とにかく子どもの行動をよく見て、「本当の理由はこれかな」と目星をつけたら、そのうえで対処していけばいいのです。**

『物や活動』の動機なら、学校へ行けたことや家事を手伝ったことなどのご褒美としてゲームや漫画などを得られるようにし、『注目』の場合なら、無遅刻で皆勤できた子だけ週末にお母さんとファミリーレストランに行けるようにしてみるのです。

逆に言えば、遅刻や欠席をしてしまったり、目標に到達できなかった場合は、これらのお楽しみ（特権）がすべて得られないようにするのです。1章の「アメとアメ無し」ですね。**行動の結果は、いつもメリハリをつけなければなりません。**

203ページの質問の場合、『逃避や回避』の可能性があります。このようなケースは、対応を慎重に考えないといけません。

『逃避や回避』の動機に限らず、本当に子どもを休ませることにするのであれば、親はその日は一日、「子どもにつき合う」ことに徹しましょう。

お母さんだけでなくできればお父さんも、「学校に行けないほどというのは心配だから、行けるようになるまでつき合うよ」という対応をとるのです。大事な会議があっても会社を休んで、これは親にとっても大ごとであると考えていただき、「学校へ行けない理由があるなら、すぐに解決しなくてはいけない」「お前を置いて、会社なんて行けるわけがない」という姿勢で取り組んでください。

登校しぶりには初期対応を大げさにやってもらいたいのです。

ここで、父親も「なるべく行けよ！」と言い残して仕事に出掛け、母親も「じゃあ、ひとりで安静に留守番していなさい」と言ってパートに出掛けるという対応は、かなりリスクの高い対応です。これでは「放置」です。

だから、子どもが「お父さんもお母さんも、休まなくてもいいから仕事に行って」と言っても、それに従ってはいけません。あるいは、妥協して「じゃあ、おばあちゃんに来てもらうからね」と祖父母任せにするのもおすすめできません。休むとクビになるかもしれないお父さんとお母さんが、「それでも学校に行けない状態を放ってはおけない」と考えて「仕事優先の親」をやめるのに価値があるのです。

「あなたのことを本当に大切に考えている」という親の気迫が子どもに伝われば、子どもも本当のことを話せるようになってきます。でも、親が口先だけで「あなたのことを本当に大切に考えているんだから」と言っているけれども、仕事は休みたくないからお留守番していなさいという態度をとり続けると、子どもは本当のことを言いにくくなります。口先だけなのは、すぐにばれてしまいますし、子どもも同じように親を欺くことを何とも思わなくなります。

「困ったことがあったらいつでも聞くよ」という態度が子育ての保険になります

こうした子どものピンチは、もちろん来ないほうがいいでしょう。でも、来るかもしれない。どんなに真面目で真剣な親であろうと、子どもはいろいろなところで影響を受けてくるのですから。いつどんな事態に出くわすかは、誰にもわからないのです。**ただ、できることはあります。それは、準備です。**災害のようなものですね。いつどんな災害に見舞われるかはわかりませんが、ある程度の防災の備えはできるでしょう。子育ても同じです。子育てにおける災害の準備として、私はお母さんに日頃からやっておいてほしいことがあります。

それは、子どもがまだ小さいうち、やっと幼稚園へ行くようになったくらいのうちから、

「もしも○○ちゃんが幼稚園に行けないくらい悲しい気持ちになったら、お母さん、いつでもお話を聞くからね」

「そういうときは、お父さんもお母さんも、お仕事を休んでお話を聞くからね」

と、言い聞かせておくのです。

誰しも、ものごとがうまくいっているときに、最悪の日が訪れることなんてほとんど考えないですよね。とは言え、今のところ健康でもいつか病気になるかもしれないから健康保険に入り、予期せぬ火災に見舞われるかもしれないから火災保険に入って、「もしも」に備えます。くり返しますが、子育ても防災や保険のような「もしもの備え」と同じで、まだ子どもが小さくて何も問題がないうちから、もしものことを想定しておくのです。

「あなたにもしも何かよくないことが起こったら、お母さんとお父さんは何をおいてもあなたの話を聞くからね」と、ふだんから言っておくことは、子育ての保険です。

この「ふだんから」というところがポイントです。子どもがつらさを訴えてきてからでは、間に合わないことがあるのです。つらさを訴えて感情的になってしまう前から掛けておいた保険があると、いざ子どもがピンチに陥ったときに早期解決へ導くカギになります。

一度や二度ほど伝えた程度では不十分です。子どもが小さいうちから、何度も何度も折りに触れて話し合い、子どもの中に染み込ませていかなければなりません。

4歳くらいの子どもでも親子でふだんからこんな会話をしていると、小学校に入学する頃になれば、「学校、ちょっと嫌だなあ……」というときに理由も言えずに休もうとする可能性が低くなります。なぜなら、すでにその年齢までに嫌なことがあったときには話を聞いてもらっているからです。

もし、手間を惜しんで「お母さん忙しいから、後でね」とか「文句ばっかり言わずに、とにかくがんばって行きなさい！」「もっと我慢しなさい！」などと会話をシャットアウトしてしまうと、その場では子どもは黙ってくれるかもしれませんが、それは失望からくる沈黙です。思春期の前くらいになってからでは、子どもは「もう、うざい」「くどい」と親を面倒くさがるようになるのも自然なことですが、だからこそ幼いうちに「いざというときは、いつでも話を聞いてもらえる」経験を積んでおきましょう。

ふだんから、会話の時間や手間を惜しまないようにすれば、その親の姿勢は子どもに必ず伝わります。問題が起こる前から大切なことを言い続けることで、親自身も、知らず知らずに子どもとの大事な会話をシャットアウトしてしまうということがなくなります。

子どもと親の両方にとって、一大事を何とか乗り越えるための予防策です。だから、保険なのです。

この手間と時間こそが、「登校しぶり」といった問題に限らず、「仲良しの○○ちゃんとケンカしちゃった」「学校で友達ができない」「いじめられているクラスメイトがいるのに誰も助けてあげようとしないんだけど」などといった、子どもの育ちにとっての大ピンチにも威力を発揮する保険だということを、ぜひ覚えておいてください。

子育てをもっと楽しむために

いかがでしたか？
私がこの本でお話ししてきた
「これはまずいやり方ですよ」とお伝えしたことの数々、
「あ〜、私もやってたわ……」という方も多いと思います。
でも、「別のこんな方法を試してみたほうがいいよ」と
ご提案したことを実践してみたら
日常のいろんなことが、変わってきたのではないでしょうか。
親が何も変わらないのに、子どもだけ変えられないかという考えは、
虫のよすぎる話です。
親が一貫して別のやり方に変えてみたら、
結果として、子どもの行動も変わります。

たとえば、こんなふうに。

子育ての中に褒めるチャンスはいっぱいあること、もうおわかりですね。

叱りつけなくても子どもの行動がどんどんいい方向へ変わっていくことも、実感されたと思います。

これまで一度で言うことを聞かなかったことも、自発的にやる子どもの姿を見て、あるいはイメージできて、少しは自信がついたのではないでしょうか。

こうした「できる」「できた」という体験を
一度でも経験されるとされないとでは、
子育てにおいて天と地ほどの差が出てきます。
「できる」「できた」という体験の大切さは、
子どもだけでなく親にも必要なのです。

最後までこの本を読んでくださったお母さんには、
前よりもずっと子どものことがよく見えているはずです。
心に余裕が生まれているはずです。
目先のことで不安やイライラすることが減っていれば、
それが何よりの証拠です。

そうだとすれば、
お母さん自身が一番変わったのではないですか？

お母さんのその変化を、
子どもは敏感にキャッチしています。
「(お母さんが笑顔で)いい感じ」
「(怒られないので)うれしい」と感じることができれば、
子どもも自然と笑顔が増えます。
やる気や意欲もどんどんあふれてきます。
そんなわが子を見て、お母さんもますます笑顔になる。
きっと、わが子のことを
前よりももっとよく見るようになるでしょう。

そうなれば、子育ての好循環。

いいことずくめです。

持ってくれて ありがとう
重いの 持てるように なったね

この本で取り上げた質問は、
子育て相談の現場で私が頻繁に受けてきたものです。
お母さんが日常、困っていること。
気になっていること。
こうなってほしいと思っているのに、
なかなか思い通りには動いてくれない子ども。
このままこのクセが直らなかったらどうしようという
不安や心配。

これらの心配の原因となっている行動は、いわば、
子どもという1本の樹から伸びている枝の先っちょで
ヒラヒラしている葉っぱたちです。

葉っぱ1枚の価値なんて、
たいしたことないと思われるかもしれません。
でも、1枚の葉っぱにしっかり日光を当て、
栄養をめぐらすことで、
その枝のほかの葉っぱにも元気を与えることができます。
そして葉っぱ1枚1枚がイキイキしてくると、
その樹全体がエネルギーに満ちてきます。
樹の幹もどんどん太く、たくましくなります。

頭の中で、あれこれ考えて何もしないのは、
葉っぱに日光を当てないのと同じです。
それでは親も子も、イキイキとはできないでしょう。

最初は1枚の葉っぱからでもいいんです。
お母さんが今、一番悩んでいる気になる行動、
または、すぐに実践できそうな目標。

そうしたことから始めてみましょう。

あとがき

私の専門は、「応用行動分析学」と言います。ただし、本書では、できる限りお母さんたちが日々の子育てのなかでイメージしやすい言葉でお話しするよう心掛けました。バラエティー番組に出演するときや、高校生を相手に特別授業をやるときと同じように、専門的なことを専門用語はなるべく使わずに伝えるようにしたつもりです。

本書を執筆するにあたって出版社のほうから子育てに関する質問をいただきました。それに答えるような形式で執筆せよとの無理難題。教育相談になりそうな内容を書くと事例研究みたいになってしまうので、一般的な子育てのありがちな質問を編集者と一緒にピックアップし、そこに、私も「子育てあるある」な質問を追加しました。

別の本にも書きましたが、問題解決の方法には答えがいくつもあります。「『□+□=10』の中の、□の中の数字をご自由に、ただしちゃんと10になるように」というような形式の、オープンに考える質問です。

ですから、本書でも、そのいくつかの答えの例を紹介したにすぎません。決して、

「一字一句、この通りにやれ」というものではありません。「あ、こんなやり方もあったのか」「確かにこれは必要なのかも」というオープンな読み方をしていただければ幸いです。ただ、間違い例はいつも明確です。「□の中は自由に入れてもいいけどね、でも『2＋7＝10』は間違いですよ、1足りませんよ」というように。

子育ては闘いです。子育て支援も闘いです。だからこそ、真剣に取り組むといろいろな感情が生まれるものなのでしょう。感情に流されたり、忙しさに妥協してしまったりしがちなのが人間です。だってそれが人間だもの。仕方ないがな、おかげさんで、そのままでええがな。などと相田みつを作品をもじりたくもなりますが、「そのままでいい」というのは妥協という意味ではないでしょう。何度も何度ももがいても、何度も何度も失敗をくり返す、でもまたもがいてしまう自分がいる。それを「そのままでいい」「そのまま妥協して諦めずにゴールを目指して走り続けよ」と言われているように読み取れます。

どんどん難しい世の中になってきていますが、妥協せずに子育て支援を続けていくしかありません。

私は、正直な子どもたちが好きです。意外とこんなシンプルなことを目指しているのです。でもね、結構、命がけですよ。格好つけようと思って言ってるんではなく、あまりに他の人と違うことを言いまくるので、おのずとあちこちで闘いが生まれてしまうのでしょう。目指すゴールに反する場合は妥協せずに闘うし。「闘う」とか子育て本に書いちゃうし。でも、こんなシンプルな目的がシェアできれば嬉しく思います。

本書を執筆するにあたり、大和書房の長谷部智恵さんには編集者や親としてのお立場から、たくさんのご意見をいただきました。それは、とても貴重でありがたいものばかりでした。おかげさまで、1年かからずに本書を書き上げることができました。記して感謝申し上げます。

二〇一一年一一月一八日

浅間山のふもと、西軽井沢の地にて

奥田健次

文庫化によせて

本書オリジナル版が想像以上にロングセラー化しており、数か国ほど外国向けにも翻訳出版されました。その後、私は私立幼稚園を設立しましたが「叱りゼロ」が本当に実現しています。毎年、多くの専門家が見学に来られます。驚かれるのは最初から最後までスタッフの誰もが子どもに対して叱らないということです。もちろん「甘やかし」をしているわけでもありません。望ましくない行動をした際に「キレたもの勝ち」「すねたもの勝ち」にしないよう対応します。何よりも大切にしていることは「適切な行動の獲得」を目指すことです。保育園で登園しぶりだった子や、泣き癖や乱暴な行為をしていた子が、叱りゼロで望ましい行動をどんどん獲得していくので楽しい日々です。大人には知恵が求められるのでチャレンジングな毎日です。

二〇二〇年一月

奥田健次

本作品は二〇一一年一二月に小社より刊行されました。

奥田健次（おくだ・けんじ）

不登校の子から発達障害のある子の問題行動まで、たちどころに直す手腕から「子育てブラック・ジャック」の異名をとる心理臨床家。専門行動療法士、臨床心理士。洗練された技術とアイデアは、しばしばメディア等でも紹介されている。わが国において家庭出張型セラピー『家庭中心型指導』を開始した草分け的存在で、日本のみならず世界各国からの治療要請に応えている。一九九九年、内山記念賞（日本行動療法学会）受賞。二〇〇三年、日本教育実践学会研究奨励賞受賞。二〇〇八年、第四回日本行動分析学会学会賞（論文賞）受賞。二〇一二年に大学を退職して長野県西軽井沢に移住し、二〇一八年に日本初のインクルーシブ教育を行う行動分析学を用いた幼稚園を開園。主な著書には、『子育てプリンシプル』（一ツ橋書店）、『メリットの法則』（集英社）、『世界に1つだけの子育ての教科書』（ダイヤモンド社）、『拝啓、アスペルガー先生』（飛鳥新社）などベストセラー多数。

だいわ文庫

叱《しか》りゼロで「自分《じぶん》からやる子《こ》」に育《そだ》てる本《ほん》

著者 奥田《おくだ》健次《けんじ》

二〇二〇年二月一五日第一刷発行

発行者 佐藤 靖

発行所 大和《だいわ》書房

東京都文京区関口一－三三－四 〒一一二－〇〇一四

電話 〇三－三二〇三－四五一一

フォーマットデザイン 鈴木成一デザイン室

本文デザイン Malpu Design

本文イラスト ゼリービーンズ

本文印刷 シナノ

カバー印刷 山一印刷

製本 小泉製本

ISBN978-4-479-30804-1

乱丁本・落丁本はお取り替えいたします。

http://www.daiwashobo.co.jp

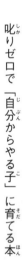